Helena Horn

WIE MONDRIAN IHR LEBEN VERÄNDERN KANN

Helena Horn

WIE MONDRIAN IHR LEBEN VERÄNDERN KANN

DOWNSHIFTING – die neue Einfachheit

BELTZ

Dieses Buch ist auch als E-Book erhältlich:
ISBN 978-3-407-22316-6

www.beltz.de

Umschlaggestaltung: www.anjagrimmgestaltung.de, Stephan Engelke (Beratung)
Lektorat: Tarek Münch
Layout und Satz: Lelia Rehm
Druck und Bindung: Beltz Bad Langensalza GmbH, Bad Langensalza
Printed in Germany

ISBN 978-3-407-85994-5
1 2 3 4 5 18 17 16 15 14

Für Heiko

INHALT

MONDRIAN YOUR LIFE!

Kunst und Lebenskunst

Wie revolutionär die Avantgarde der Kunst des 20. Jahrhunderts war, ist heute kaum noch nachzuvollziehen. Die Bildsprache der Moderne ist längst Teil unserer Alltagskultur. Poster der Seerosen von Monet schmücken die Wartezimmer von Ärzten und Behörden, während die Rasterbilder von Piet Mondrian heute Fliesen, Mode und kosmetische Produkte zieren. Die Avantgarden bieten uns Wege zur Erkundung von Möglichkeiten eines anderen Lebens – Inspiration. Die Kunst eröffnet uns Spielräume für Freiheiten und neue Konzepte.

Wo liegen die Schnittstellen
zwischen Kunst und Lebenskunst?
Ob Monet oder Mondrian –
Kunst ist mehr als Dekoration.

Es lohnt sich, ihren Willen zur Veränderung ernst zu nehmen und ihre Sichtweisen dem eigenen Leben anzuverwandeln. Gute Kunst ist ihrer Zeit voraus, bringt uns auf neue Ideen und ändert unsere Wahrnehmung.

In diesem Buch geht es um neue Perspektiven für ein sinnerfülltes Leben – um einen frischen Blick auf das Wesentliche: Wie wollen wir leben? Welche Werte wollen wir umsetzen? Welche Strukturen brauchen wir, welche sind überflüssig? Welche Rolle spielen Dinge, Rituale und Symbole in unserem Alltag? Was ist wirklich wichtig? Was erfüllt uns mit Schönheit, Sinn und Harmonie? Wie soll man leben? Welche Ziele sind erstrebenswert? Glücksangebote locken überall.

Leben ist Lebenszeit und als solche eine begrenzte Ressource. Menschen bereuen am Ende ihres Lebens am meisten, dass sie nicht den Mut hatten, das zu verwirklichen, was sie für richtig und wichtig hielten. Es kommt darauf an, diese Ressource, unsere Lebenszeit, in eine persönlichen Lebenskunst umzusetzen und spürbar zu machen. Denn Zeit, in der wir fremdbestimmt und unzufrieden herumdümpeln, ist verlorene Zeit, wir bekommen sie nicht zurück.

Ein autonomer Lebensstil ist möglich, denn gesellschaftlich sind wir so frei wie nie. Heutzutage gibt es wenige noch zwingende Konventionen, die uns vorgeben, wie wir unser Leben führen sollen. Soziale Kontrolle ist schon weitgehend unwirksam. Jeder ist auf sich selbst gestellt und muss seinen eigenen Weg suchen. Schier unendlich viele Lebensmodelle sind möglich. Unsere Multioptionsgesellschaft zwingt uns zu Entscheidungen.

Jeder stellt sich die Fragen: Was soll ich aus meinem Leben machen? In welche Werke und Taten lässt sich meine Ressource Lebenszeit verwandeln? Wie lässt sie sich nutzen? Und der Sinn des Lebens, stellt sich diese Frage denn überhaupt? Dient das Leben einem Ziel oder einem Zweck? Ist eine kluge Antwort überhaupt möglich? Warum gehen wir davon aus, dass das Leben, außer da zu sein, auch noch einen Sinn haben muss? Welche Bedeutung hätte der Sinn des Lebens für unser Glück? Was ist die Bestimmung des Menschen? Gibt es ein göttliches Gebot? Gibt es ein Gebot der Evolution, das die Fortpflanzung oder die Arterhaltung verlangt? Oder führt jeder autonom ein selbstbestimmtes Leben und wählt selbst einen Lebensweg, den er als sinnvoll erachtet?

Es kommt darauf an, die Zeit sinnvoll zu nutzen. Zeit, in der wir unzufrieden waren, ist verlorene Zeit, wir bekommen sie nicht zurück. Aber das rastlose Streben nach immer mehr Glück verhindert, dass wir es tatsächlich erleben. Es geht nicht um wilden Aktionismus, auch die Muße muss im Leben Platz haben.

Die Lebenskunst weist Wege zu Persönlichkeitsentfaltung und innerer Freiheit. Sie stellt philosophische Fragen. Um Glück auch auf der gesellschaftlichen Ebene zu ermöglichen, müssen politische Instrumente ausfindig gemacht und umgesetzt werden.

Es geht darum, die Ideen der Kunst in das Leben zu holen und sie dort lebendig zu machen.

Ökonomische Avantgarde

Wir brauchen eine Lebenskunst, die uns wieder näher an uns selbst heran bringt, denn wir leben zwischen zwei Polen: Mangel und Überfluss.

Wir haben einen Überfluss an Arbeit und Stress, an Konsum, Entfremdung und Reizüberflutung. Dagegen herrscht ein Mangel an Ruhe und Muße, an Entspannung und Freiräumen, an Lebenssinn und fröhlicher Gelassenheit. Da es keinen Masterplan gibt, ist Experimentieren angesagt – in allen Lebensbereichen, in kleinen Schritten, Tag für Tag.

Wie kommen wir aus der Tretmühle heraus? Wie gewinnen wir wieder die Kontrolle über unser Leben? Wie werden wir autonom und souverän, anstatt fremdbestimmt eine leere Existenz zu führen, deren Glücksmomente aus Wochenenden, Wellness, Luxus, Erholungsreisen, Shopping, Karriereschritten und dem Starren auf Displays oder dem Dahinvegetieren vor Bildschirmen besteht?

Downshifting bedeutet Runterschalten, und zwar in allen Lebensbereichen: Beruf, Freizeit, Konsum, Kommunikationstechnik und Infotainment. Was Mies van der Rohe als Credo in der Architektur formulierte, gilt auch im Leben: Less is more.

Viele Architekten, Künstler und Designer haben sich an diesem Motto ihr Leben lang abgearbeitet. Die einfache Wahrheit, die in diesem Leitgedanken liegt, kann man ihm nicht schnell absprechen.

Downshifter versuchen nicht weniger als eine grundsätzliche Umschichtung der gewohnten Werte und Denkweisen:

Ist es vernünftig, Lebenszeit gegen Geld einzutauschen, um Dinge in Besitz zu bringen, die wir nicht brauchen, um Leute zu beeindrucken, die wir nicht leiden können?

Die Ziele von Downshifting sind innerer Frieden, zwischenmenschliche Fülle und fröhliche Gelassenheit. Denn Lebenskunst hat nichts mit Status und Besitz zu tun; es sind die Freude am menschlichen Umgang und das Genießen guter Gefühle und schöner Alltagsmomente, die unserem Dasein Sinn verleihen. Haben oder Sein? Die große Verschwendung, mit der wir heute konfrontiert sind, ist die Vergeudung menschlicher Potenziale im Wettlauf um immer mehr Prestige und Macht.

Wie Mondrian in seinen Bildern zu immer klareren und einfacheren Kompositionen fand, sind wir aufgefordert, darüber nachzudenken, was wir wirklich brauchen, um ein gutes Leben zu führen. Was ist überflüssig? In unserem Alltag eine eigene Balance zwischen Notwendigkeit und Freiheit zu finden ist kein geringeres Abenteuer, als künstlerische Grenzen zu durchbrechen.

Die Kunst kritisiert, stellt Fragen oder bietet philosophische Denkmodelle. Diese Fülle an Ideen sollten wir uns zunutze machen.

Strategien der neuen Einfachheit

Die ethisch-sozialen, politischen und ökonomischen Dimensionen von Downshifting sind nicht zu unterschätzen. Unter der harmlosen Oberfläche von Reduktion und Verzicht liegt ein ökonomisches Bewusstsein, das zunächst eher naiv wirken mag. Aber da unsere Gesellschaft auf dem Austausch von Waren und Dienstleistungen basiert, ist eine konsumkritische Haltung an sich schon subversiv.

Die Strategien des Downshifting stehen in einem persönlichen, sozialen und politischen Spannungsfeld. Es geht um unsere Werte, im Kleinen wie im Großen. Sich der Fremdbestimmung Stück für Stück zu entziehen, heißt auch kooperative und solidarische Lebenskonzepte zu verwirklichen. Nur so wird der Weg frei, um wahre Bedürfnisse zu erfüllen.

Wachstum ist kein Selbstzweck. Die Wirtschaft hat dem Menschen zu dienen, nicht umgekehrt. Die internationale Bankenkrise hat zwei Systemfehler erkennbar gemacht: Unser ökonomisches System beruht auf Spekulation und auf Schulden – es ist also seinem Wesen nach instabil. Zugleich sind wir abhängiger davon denn je – als gäbe es keinerlei Alternativen.

Statt uns von materialistischen Verhaltensmustern manipulieren zu lassen, wie sie Medien, Politik und Wirtschaft propagieren, sollten wir eigene Werte und die passenden Strategien für ihre Umsetzung entwickeln.

Dazu ist es notwendig, den frustrierenden Strukturen des Alltags entgegenzuwirken und finanzielle Unabhängigkeit anzustreben. Die Politik hat kein Interesse, in diese Richtung zu handeln. Auf der Makroebene der Staaten und der Wirtschaft agieren die Akteure noch immer nach den Maximen von Wachstum und materieller Gewinnmaximierung. Sie machen es dadurch schwer, andere Werte lebbar zu machen.

Neue Lebensstile sind nur gegen Widerstände durchzusetzen. Aber ein selbstbestimmtes Leben zu führen, ist auch innerhalb bestehender Strukturen möglich. Es gilt, selbst zu denken und eigene Entscheidungen zu treffen, damit kluge und praktikable Konzepte entstehen, die den Alltag einfacher und das Leben erfüllter machen. Downshifting ist mehr als minimalistischer Lifestyle, sondern große Einfachheit.

Was brauche ich, was brauche ich nicht?

Befreien wir uns von unnötigem Ballast, damit wir mehr Raum und Zeit zu haben, um individuelle Lebenskonzepte zu verwirklichen. Verzetteln Sie sich nicht länger mit Kleinkram, Statusdenken und sinnloser Zeitverschwendung, sondern konzentrieren Sie sich auf ein hohes Maß an körperlicher und geistiger Aktivität. Downshifter reduzieren Stress, indem sie ihre materielle Abhängigkeit reduzieren.

Die Befreiung von Ballast setzt enorme Kräfte frei. Mit der Frage »Was brauche ich, was brauche ich nicht?« ist ein elementares Bedürfnis verbunden, das bisherige Leben neu zu ordnen.

Ausmisten gilt nicht gerade als glamourös, aber es bewirkt wichtige psychologische und philosophische Effekte. Besitz abzubauen ist einer der kraftvollsten und wirkungsstärksten Aneignungsprozesse, um wieder Souveränität über das eigene Leben zu erlangen. Mit dem Entrümpeln der eigenen Umgebung lässt sich die persönliche Lebensorganisation vereinfachen, sodass Sie sich leichter, beweglicher und freier fühlen.

Entgegnen Sie der allgemeinen Suche nach mehr Güterwohlstand, Prestige und Luxus mit einer Gegenfrage: Von welchen Energiesklaven, Konsum- und Komfortkrücken lassen sich übervolle Lebensstile und verstopfte Wohnungen sowie schließlich die Gesellschaft als Ganzes befreien?

Hinter der Neubewertung materieller und immaterieller Werte steht die Frage »Was kann weg? Was kann bleiben?«, steht die Sehnsucht nach Transparenz und Einfachheit. Mondrian macht es uns vor: Durch konsequente Vereinfachung findet man zu Ordnungen, die spürbar machen, wie frei und klar geistiges Erleben ist. Einfachheit trägt entscheidend zu Ruhe und Kontemplation und damit zu einem glücklichen Leben bei.

Was kaufe ich, was kaufe ich nicht?

Geld ist ein Machtfaktor ersten Ranges. Mit dem, was wir kaufen, bestätigen wir das Produkt und das Umfeld, in dem es entstanden ist. Jeder Kauf ist eine politische Willensbekundung.

Mit unseren Kaufentscheidungen wirken wir jeden Tag auf die Märkte ein. Kaufen wir nicht, werden Ressourcen geschont. Wir entscheiden, welche wirtschaftlichen und gesellschaftlichen Entwicklungen gefördert oder gebremst werden. Kluges und zurückhaltendes Konsumverhalten bedeutet daher gezieltes und verantwortungsbewusstes politisches Handeln.

Jeder bezahlte Euro wirkt sich aus: Wird ein biodynamischer Betrieb in der Region unterstützt oder eine auf Chemikalieneinsatz, Monokultur und Zerstörung der Küstenvegetation basierende Aquakultur in Asien? Startet ein Flugzeug oder setzt sich ein Schiff in Bewegung? Kann ein Handwerksbetrieb mehr Mitarbeiter einstellen oder baut ein börsennotiertes Unternehmen Arbeitsplätze im großen Stil ab? Kommt unsere Kleidung aus einer Textilfabrik in Bangladesch, wo unter lebensgefährlichen und menschenverachtenden Verhältnissen produziert wird? Oder wurde der Pullover aus der Wolle von Schafen, die auf saftigen Wiesen an der Atlantikküste Schottlands grasen, gestrickt? – Sicher ist das auch eine Frage des Geldes. Wie viel sind wir bereit auszugeben? Aber bessere Qualität hält länger.

Im großen Maßstab praktiziert, kann bewusster Konsum auch globale Fehlentwicklungen konterkarieren. Für Downshifter wird durch täglich angewandte Konsumkritik der Weg frei zu authentischen Bedürfnissen, zu Autonomie, Mündigkeit, Freiheit und Mitmenschlichkeit.

Die Welt der Dinge und des schönen Scheins ist so dominant geworden, dass sie eine Generation nach Mondrian eine eigene Kunstform prägte: Andy Warhol und andere Vertreter der Pop-Art erhoben Konsum und Glamour zum Wesentlichen. Mit seinen Suppendosen und Waschmittelpackungen verherrlichte Warhol die Warenwelt und zeigte zugleich, wie totalitär sie ist.

Ursprünglich sollte die Wirtschaft dem Wohl des Einzelnen

und der Gesellschaft dienen – seit sich der Markt verselbstständigt hat, ist es umgekehrt.

Was kaufe ich, was kaufe ich nicht? – Überflüssigen Konsum einzuschränken ist der erste Schritt hin zu mehr ökonomischer Unabhängigkeit. Wer weniger ausgibt, muss weniger Geld verdienen und gewinnt an Lebenszeit, die frei ist von den äußeren Zwängen der Erwerbsarbeit.

Was tue ich, was tue ich nicht?

Die empfundene Zeit schrumpft, wenn zwischen Tätigkeiten permanent hin und her gewechselt wird: Sie können telefonieren, währenddessen Ihrer Kollegin eine Notiz schreiben und dabei Bonbons lutschen. Natürlich sind Sie in der Lage, das alles gleichzeitig und ökonomisch zu erledigen. Indem wir die Zeit komprimieren, steigt die Erlebnisdichte.

Aber auf diese Weise werden Sie kaum etwas erleben und intensiv wahrnehmen. Schmeckt das Bonbon nach Erdbeere oder Apfel? Welchen Ton schlagen Sie am Telefon an? Entspricht die Notiz Ihrem persönlichen Stil?

Die Strategie der Entschleunigung stellt die Zeitfrage: Wie gehen wir mit der begrenzten Ressource Lebenszeit um? Wie möchten wir leben?

Ein leerer Terminkalender ist heutzutage fast verdächtig: Ist man nicht wichtig, hat nichts zu tun? Außerdem versäumt man ja scheinbar so viele verlockende Möglichkeiten. Entscheiden Sie sich lieber gegen den Versäumnisterror und das Zeitrauschen.

Das Zeitempfinden ist höchst subjektiv und unterliegt Schwankungen. Kulturen und Epochen gehen unterschiedlich mit Zeit um. In Gesellschaften mit hoher Individualisierung und Vereinzelung ist die Beschleunigung größer. Es wird großen Wert auf Leistung und Effektivität gelegt. Uhrzeit-Kulturen zwingen das individuelle Erleben und Handeln unter das Zeitmaß.

Aber die Uhr ist eine Erfindung des Menschen. Die Sonne geht auf und unter, weil die Erde sich dreht. Die Zeit ist ein Konstrukt der Zivilisation. Es gibt kein eigenes Sinnesorgan für das Zeitempfinden. Die Zeit verhält sich letztlich immer so, wie man sie sich vorstellt und wie man mit ihr umgeht.

In kollektivistischen Kulturen legt man Wert auf Zusammengehörigkeit. Hier steht die Ereigniszeit im Vordergrund. Das Zeitmaß ist den Ereignissen untergeordnet. Auf Bali antworten die Menschen auf die Frage, wie lange etwas dauert, mit Sätzen wie: »Die Zeit, die man zum Reiskochen braucht.«

Ein Kind spielt selbstvergessen und hat dabei ein Gefühl von zeitloser Unendlichkeit. Es lernt spielerisch. Aber je älter es wird, desto seltener sind solche Flow-Erfahrungen – sein Glück, im Fluss der Zeit zu sein, wird von Stundenplänen und Terminen immer mehr beschränkt.

Ein eigenes Zeitbewusstsein zu entwickeln ist möglich.
Es ist ein Prozess, den man lernen und üben kann.
Dabei gilt die Devise: Rhythmus statt Tempo,
Harmonie statt Ausdauer.

1

NOFRETETE UND UNSERE LEBENSZEIT

Über Zeitwohlstand

Die Königin im Sonnenlicht

Nofretete – sie schaut in die Welt und die Welt schaut zurück – und niemand kann fassen, was er sieht. So stolz und so kühl, ganz präsent, aber unendlich unnahbar – ihre Schönheit ist geheimnisvoll und überirdisch, rätselhaft und undurchschaubar.

Wir blicken ihr in eine unendlich ferne Vergangenheit in die Augen. In ihrem Gesicht, so scheint es, verdichtet sich die Geschichte der Menschheit zu einem entrückten Lächeln.

Und doch teilt sich uns ihre Verletzlichkeit mit und das verbindet uns schließlich mit ihr. Dünne Farbschichten sind abgeblättert, die Ohren bestoßen, ein Auge fehlt.

Niemand entkommt ihrem rätselhaften Bann. Über eine Million Besucher kommen jährlich in das Berliner Museum, um sie zu sehen.

Die Büste stammt aus der Regierungszeit Echnatons und wurde um 1340 v. Chr. gefertigt. Das Porträt der Königin zeigt ebenmäßige Gesichtszüge mit hohen Wangenknochen, einen langen Hals mit sichtbaren Sehnen und sehr schmalen Konturen. Auf ihren Schultern liegt eine prachtvolle bunte Kette. Beide Gesichtshälften scheinen identisch zu sein. Nofretete trägt die blaue Krone, ein eigens für sie entwickeltes Gegenstück zum Chepresch, der blauen Krone der Pharaonen. Über der Stirn befand sich die Uräusschlange.

Was nicht heißt, dass Nofretete wirklich so aussah: Der Bildhauer verlängerte die Nase, rundete das Kinn und idealisierte das Porträt mit ebenmäßigen und sehr schlanken Zügen.

Die Büste wiegt rund 20 Kilogramm und besteht aus einem mit einer bemalten Stuckschicht überzogenen Kalkstein. Der

Teint ist rosa-bräunlich und wirkt frisch. Die Farben bestehen aus farbigen Glaspulvern, Kalk, gelbem Schwefelarsen, Kupfer- und Eisenoxid sowie aus Kohle mit Wachs als Bindemittel. Die Pupille des rechten Auges ist aus Bergkristall gefertigt, dem schwarze Farbe unterlegt ist.

Tod und Vergänglichkeit, das hat sie alles hinter sich. Für sie ist die Gegenwart ewig und die Ewigkeit Gegenwart. Nichts ist ihr so egal wie die Zeit.

Die Zeit dehnt sich, die Zeit schrumpft

Vergangenheit und Zukunft sind unendlich. Aber was ist Gegenwart? Wann findet sie statt? Die Wahrnehmung der Gegenwart lässt sich lediglich mit einer Dauer von wenigen Sekunden bemessen. So einer kurzen Dauer ständig gewahr zu sein, dafür scheint das Zeitbewusstsein des Menschen nicht ausgelegt zu sein.

Die Ausdehnung der Gegenwart ist von unserem Denken, Fühlen und Hoffen bestimmt.

Gestern haben wir uns geärgert. Ist dieser Ärger heute tatsächlich Vergangenheit? Aber wir freuen uns auf ein Fest am Wochenende. Diese Vorfreude ist auf die Zukunft gerichtet. Wann eigentlich leben wir in der Gegenwart?

Wir sind frisch verliebt und warten auf unseren Schwarm. Wir können es kaum erwarten, dass er kommt. Die Zeit dehnt sich quälend in die Länge. Endlich ist er da. Aber er hat nur Zeit für einen Kaffee, dann muss er schon wieder gehen. Die gemeinsame Pause verfliegt im Nu.

Wie Einstein meinte: »Wenn man zwei Stunden lang mit einem Mädchen zusammensitzt, meint man, es wäre eine Minute. Sitzt man jedoch eine Minute auf einem heißen Ofen, meint man, es wären zwei Stunden. Das ist Relativität.«

Ein ereignisreicher Zeitraum fühlt sich kurz an, während uns ruhige Phasen lang vorkommen. Paradoxerweise nehmen wir die Zeit im Rückblick umgekehrt wahr: In ereignisreichen Zeiten hat man viel und intensiv erlebt, sodass sie uns lang erscheinen. Umgekehrt wirken ruhige Phasen später kurz, da wir kaum Informationen über sie gespeichert haben. Es ist nichts Außerordentliches passiert, das Leben plätscherte vor sich hin, die Zeit wurde nicht intensiv wahrgenommen. Das mag auch der Grund sein, warum wir uns an Urlaube viel intensiver erinnern, während uns der Alltag oft langweilig grau erscheint.

Modelle von der Zeit

Zeit ist eine Erfindung des Menschen, sie ist nur vorhanden, weil Zeitmodelle aufgestellt wurden. Denn wir Menschen möchten die Abfolge von Ereignissen logisch reihen können. Aber die Zeit ist nicht per se linear. Es gibt auch andere Modelle: Im zyklischen Zeitverständnis wird Zeit als ewige Wiederkehr, als kreisförmige Bewegung des Werdens und Vergehens verstanden. Im Mittelalter gab es den Rhythmus des Kirchenjahres. Unser heutiges Zeitverständnis geht auf die eschatologische Vorstellung vom Ende der Zeit zurück – der Rückkehr Christi, dem Jüngsten Gericht. Im Zuge dessen bildete sich ein Verständnis für Vergangenheit, Gegenwart und Zukunft in einer unumkehrbaren Richtung aus.

Weil die meisten von uns nicht mehr an ein Leben nach dem Tod glauben, haben wir die Ewigkeit als Daseinsform verloren. Nicht Glaube und Hoffnung, sondern Planung, neudeutsch: Zeitmanagement, ist die der Zukunft gegenüber angemessene Haltung. In unserer Lebenszeit wollen wir so viel wie möglich erleben, also beschleunigen wir. Wer konsequent von Geburt bis zum Tod fünf Dinge parallel tut, kommt rechnerisch auf eine Erlebnisdichte von 5 mal 80 Jahren, also auf 400 Jahre. Eine gute Ausbeute?

Je schneller wir leben, desto größer werden Wahrnehmungsverlust, Versäumnisterror und Zeitrauschen. Nach dem Motto: Lebe schneller, dann bist du eher fertig.

Im Hier und Jetzt

Je mehr wir mit der Tiefe des Seins und der Zeit verbunden sind, umso weniger Angst haben wir, etwas zu versäumen, und umso mehr Gelassenheit können wir dadurch gewinnen. Der Schatz des Lebens liegt in der Vergangenheit und kann jederzeit gehoben werden.

Augustinus stellt im 11. Kapitel seiner *autobiografischen Betrachtungen* fest, dass die Vergangenheit vorüber und die Zukunft niemals da ist, während sich die Gegenwart auf einen unendlich kleinen Punkt verdichtet. Er markiert lediglich den Umbruch von Zukunft in Vergangenheit. Bleibt die Frage, wo ist eigentlich unsere Gegenwart geblieben?

Oft ist der ganze Tag ein ständiges Unterwegssein. Wir verbringen ihn in verschiedenen Formen von Abwesenheit. Wenn wir schon müde aufstehen, sehnen wir uns den ganzen Tag nach dem Augenblick, in dem wir abends wieder ins Bett dürfen. Die Stunden dazwischen bringen wir mühsam hinter uns.

Nofretete hält die Spannung. Auch das macht ihre Schönheit aus. In ihr vereinen sich die erstaunlichsten Gegensätze, das Wissende und die Ahnungslosigkeit, das Fragile und die Perfektion, das Irdische und das Göttliche, der Augenblick und die ewige Unendlichkeit.

Fünf Faktoren müssen zusammentreffen, um wirklich in einer Situation anzukommen:

Räumlich:	*Wir befinden uns dort, wo wir sein wollen.*
Mental:	*Die Gedanken sind auf den Moment konzentriert.*
Emotional:	*Die Gefühle sind aufmerksam.*
Körperlich:	*Wir nehmen den Körper entspannt wahr.*
Zeitlich:	*Wir sind uns dieses Moments bewusst.*

Seien wir mal ehrlich: Wann ist das schon so?

Die Wiederaneignung des Raumes und des Raumgefühls wird nach der Epoche der Beschleunigung eine der interessantesten Erfahrungen der Zukunft sein. Wenn der begrenzte Raum verteilt ist, wird die Zeit zum Raum der Expansion. Wer die Geschwindigkeiten bestimmt, hat die Macht.

Chronos

Als gottgleiche Königin an der Seite des Pharao empfängt Nofretete das göttliche Sonnenlicht von Aton direkt. Sie und Echnaton sind die Mittler zwischen der Gottheit und der Welt.

Nur über das Königspaar nimmt das Volk Kontakt zu Aton auf.

Gefunden wurde die Büste 1912 in der Werkstatt des Thutmosis unter dem Schutt der altägyptischen Hauptstadt Achet-Aton. In dem aus Lehmziegeln errichteten Haus gruben die Archäologen mehr als 50 Modelle, Entwürfe, Gipsabdrücke und fertige Skulpturen aus. Bis dahin hat Nofretetes Büste die Werkstatt nie verlassen.

Die Vorstellungen von der Zeit im alten Ägypten beruhten auf dem zyklischen Lauf der Sonne. Die Sonne bestimmte Tag und Nacht sowie die Jahreszeiten. Der Sonnengott war im Pantheon aller altägyptischen Gottheiten der »König der Götter«. Er herrschte über Himmel und Sterne und so auch über die Menschen. Im Kosmos wiederholten sich alle Himmelskonstellationen jährlich, alles war ewig und unendlich. Diese beiden Gewissheiten bildeten das Verständnis von der Zeit. Amun-Re sorgte zugleich für die jährlich wiederkehrende Überschwemmung des Nils und die Fruchtbarkeit der Erde. Vom Nil hing das Wohl und Wehe Ägyptens ab. Indem der Nil jährlich über die Ufer trat und das Schwemmland flutete, wurde das Land im Frühling fruchtbar. Die Sonne, die Zeit und die Fruchtbarkeit, alles hing zusammen.

In der griechischen Mythologie ist Chronos der Gott der Zeit. Er ist aus dem Chaos entstanden und gehört den ersten Göttergenerationen an. Gewaltsam entthront Chronos seinen Vater Uranos und verschlingt, um demselben Schicksal zu entgehen, alle seine Kinder. Nur Zeus wird durch eine List gerettet und besiegt seinen Vater.

Auch wir müssen aufpassen, dass uns die Zeit nicht verschlingt. Zeitsouveränität genießt, wer über sich selbst bestimmt. Entsprechend bedeutet Macht auch den Mitverbrauch der Lebenszeit von anderen. Wir werden in eine Gesellschaft der Zeitknappheit hineingeboren. Mütter und Väter haben kaum noch Zeit, ihre Kinder langsam und liebevoll zu füttern. Kinder lernen die Zeitstrukturkonflikte schon mit der Muttermilch. Später werden Kindergarten, Schule und das Fernsehprogramm zu Taktgebern.

Bei Erwachsenen dominiert die Arbeit den Terminkalender. Die meisten von uns sehen die Früchte ihrer Arbeit aber nicht – wir fahren keine Ernte ein und feiern weder die Fruchtbarkeit der Erde noch unsere virtuelle Arbeit am PC. Wird ein Projekt erfolgreich abgeschlossen, bedeutet es für unsere Arbeit qualitativ fast nichts. Eine abstrakte Kurve in der Bilanz der Firma zeigt nach oben. Zahlen haben diese Kurve entstehen lassen. Am nächsten Morgen planen wir schon das nächste Projekt, während eine Mail die nächste jagt. Die Frequenz der abzuarbeitenden Projekte kann beliebig beschleunigt werden, indem Ressourcen nachgeschoben und die Rechner nachgerüstet werden. Wer kann schon vor den Ranghöheren zugeben, dass das Pensum die Kräfte und den Zeitrahmen übersteigt?

Ein Lebensbild entwerfen

Nofretete ist die Tochter von Aja und Tiji, damit ist sie eine Cousine von Echnaton. Ihr Name »Neferet iiti«, der mit »die Schöne ist gekommen« übersetzt wird, verweist auf die Göttin Hathor. Bei ihrer Heirat war sie höchstens 19 Jahre alt, während Echnaton kaum älter als 14 Jahre war. Sie wird seine Hauptgemahlin und der Pharao erhebt sie zur gottgleichen Königin.

Eines ist offensichtlich: Diese Frau ist eine Hauptfigur am

Hof und Echnaton ebenbürtig. Der Pharao verleiht ihr die Insignien eines Königs. Sie trägt eine Krone wie keine Königin vor ihr. In einer Kartusche auf dem Königsring verleiht er ihr einen zweiten Namen, was sonst ausschließliches Privileg des Pharaos ist. Auf einem Altarbild sitzt Nofretete sogar auf dem Thron, der sonst allein dem Pharao vorbehalten ist. Ein Relief zeigt sie bei der Kriegsführung und auch bei der Niederschlagung von Feinden. Auf anderen Darstellungen lenkt sie einen Streitwagen und trägt das Zepter, was die Macht der höchsten Befehlsinstanz symbolisiert. Außerdem ist sie an der Verleihung des Ehrengoldes beteiligt, ein Akt, der bis dahin vom König allein durchgeführt wurde. Eine neu übersetzte und interpretierte Inschrift aus der großen Pfeilerhalle im Aton-Tempel von Karnak sagt aus, dass Nofretete sich selbst eine aktive Rolle zugeschrieben hat, indem sie von sich behauptete, Aton gefunden zu haben. Keine königliche Gemahlin wurde je wieder so bedeutsam mit den Insignien der Pharaonenmacht dargestellt.

Nofretete und Echnaton lassen sich oft auf Reliefs bei religiösen Zeremonien abbilden, ebenso Hand in Hand mit ihren sechs Töchtern. Sie liebkosen sich, trauern am Totenbett ihrer Tochter Meketaton und wiegen die Kinder auf dem Schoß. Nofretete ist auch die Mutter von Tutanchamun. Oft wird sie als sorgende Frau dargestellt. Ein anderes Mal macht sie einen Spaziergang im Garten oder fährt mit ihrem Gatten aus. Die gesamte Königsfamilie wird auf diesen Darstellungen stets durch die Strahlen der Sonnenscheibe des Aton beschützt.

Nofretete ist die göttliche Frau, die Echnaton zum göttlichen König macht, indem sie ihm dient. Ihre politische Rolle liegt darin, den Pharao als Gottkönig zu bestätigen. Im vierzehnten Regierungsjahr Echnatons stirbt Nofretete allerdings an den Folgen einen Unfalls. Die Nebenfrau Kija tritt an ihre Stelle. Echnaton selbst überlebt Nofretete nur noch um drei Jahre. Nofretetes Kinder übernehmen den Thron.

Zuvor waren die Standbilder monumental, schematisch und statisch. Sie waren für die Ewigkeit gedacht, nun entwickelte sich ein freierer Stil, der mehr Lebensnähe zeigte. Nofretetes Eleganz, Anmut und Sinnlichkeit repräsentierte eine noble Vitalität.

Was soll von Ihnen die Zeiten überdauern? Was soll Ihr Leben überdauern? Wie stellen Sie sich Ihre Biografie in den Augen der Nachwelt vor? Was macht Ihr Leben aus?

Die Frage »Was treibt mich an?« hilft uns, uns selbst zu erkennen. Was ist für Sie persönlich gut und richtig? Womit möchten Sie Ihre Zeit wirklich ausfüllen? Welche Werte haben Sie? Welches Bild haben Sie von sich, von Ihrem Leben?

Formulieren Sie einen Zielzustand,
der Ihnen nach innen Orientierung gibt.
Denn Ihre Vorstellung vom eigenen Leben
motiviert Sie. Danach handeln Sie.

Ihr Selbstverständnis drückt sich auch in Signalen aus, die deutlich machen, wofür Sie stehen. Tragen Sie gerne zerschlissene Jeans oder lieber einen guten Anzug? Mit sozialen Codes signalisieren wir unsere Werte sehr genau.

Je klarer wir unser Leben definieren und kommunizieren, desto sicherer finden wir unseren Weg und können unser Leben danach ausrichten. Wir verzetteln uns weniger in Details und lassen uns nicht manipulieren.

Die Zeit bleibt für uns schwer zu verstehen und ebenso schwierig zu beherrschen.

Je stärker wir uns mit unserem Tun identifizieren,
desto intensiver erleben wir Zeit als Sein.
Dann erleben wir Zeitlosigkeit – Ewigkeit.

Je weiter wir uns von unserem Weg entfernen, desto schneller scheint uns die Zeit auf der Jagd nach Äußerlichkeiten davonzurasen.

Die Zeit heilt alle Wunden oder lindert zumindest die Schmerzen. Sie hilft uns, unsere wahren Stärken zu erkennen und einzusetzen. Der Schatz des Chronos sind seine Erfahrungen.

Wer nicht die Ursache seiner Frustration behebt, wird dauerhaft enttäuscht sein. Wer beständig nach einem Ausweg außerhalb von sich selbst sucht, baut destruktive Strukturen auf. Wer nicht dazulernt, den verschlingt Chronos.

Zeitsouveränität zu gewinnen bedeutet, dass wir uns den eigenen Ängsten, Eitelkeiten und Aggressionen, unserem Egoismus und unserer Nervosität stellen. Wir kommen nicht daran vorbei, Lösungen in uns selbst zu finden. Das ist harte seelische Arbeit, aber nur so sind wir ehrlich und kommen mit uns selbst wirklich weiter. Loslassen und neue Wege suchen. Denn wer die Lösung an eine äußere oder imaginäre Macht delegiert, macht sich davon abhängig. Wer vor seinem Leben davonläuft, dem läuft die Zeit davon.

Zu Nofretetes Lebenszeit befand sich Ägypten in einer Blütezeit. Das Land ist die beherrschende Macht im östlichen Mittelmeerraum. Die Erträge in der Landwirtschaft sind gut, Ägypten ist reich an Bodenschätzen. Die Feinde sind besiegt und aus Ägypten vertrieben. In Feldzügen weit nach Süden hatten die Ägypter Nubien zurückerobert und waren bis zum nördlichen Euphrat vorgestoßen.

An der Büste wird aber auch für alle sichtbar, dass Nofretete nichts ferner sein könnte als ein Gerenne um Habenwollen, Besitzen und Festhalten. Denn sie steht für eine Macht, die sich nicht greifen, nicht besitzen lässt.

Eigenzeit

Die Wissenschaften haben sich auf verschiedene Weise dem Phänomen Zeit angenähert: Die Geschichtswissenschaft stellt Chronologien auf und gliedert die Vergangenheit in Epochen und Perioden, die Psychologie erforscht das subjektive Zeiterleben, während die Philosophie die Zeit mit dem menschlichen Bewusstsein verbindet. Der Zeit selbst ist es egal, wie sie genannt wird und mit welcher inneren Haltung wir sie ausfüllen. Die Natur kennt nur den Lauf der Sonne.

Haben Sie Mut zum eigenen Tempo. Wenn wir von Ort zu Ort hetzen, bleibt das Hier und Jetzt auf der Strecke und wir verlieren die Möglichkeit zur Wahrnehmung der Gegenwart. Schaffen Sie Inseln der Langsamkeit.

Sich zurückziehen, nichts tun und kein Ziel haben dehnt die Zeit: Während der Freizeit mal nicht auf die Uhr schauen, für Perioden der Ruhe und des Schweigens sorgen. Zum Beispiel die Regel: Sonntags keine Termine, sonntags nicht aus dem Haus oder sonntags nur in die Natur.

Halten Sie so oft wie möglich inne, um zur Besinnung zu kommen und den Augenblick zu spüren. Achten Sie auf Ihre Gedanken, Gefühle und auf Ihren Körper. Achten Sie auch auf die Gefühle der Menschen in Ihrer Umgebung und auf deren Körpersprache.

Ein intelligenter Umgang mit den eigenen Ressourcen

schützt vor Überlastung. Die richtigen Dinge konzentriert tun. Dabei geht es nicht um Langsamkeit um ihrer selbst willen, sondern um angemessene Geschwindigkeiten und Veränderungen im Umgang mit uns selbst, mit den anderen und mit der uns umgebenden Natur.

Tun Sie alles, was Sie tun mit Liebe und Leidenschaft. Ein Konzept zu schreiben dauert so lange, bis es durchdacht und geplant ist. Arbeiten Sie mit heiterer Gelassenheit. Es gibt keinen Grund, es nicht zu tun.

Flow

Nicht die Uhrzeit gibt das Tempo, sondern die Tätigkeit gibt den Rhythmus vor. Schaffen Sie Raum für Flow und gehen Sie völlig in Ihrer Tätigkeit auf.

In diesem Zustand besteht völlige Harmonie zwischen unserem Tun und unserem Sein. Ein wohliges Gefühl der gänzlichen Vertiefung breitet sich aus. Flow ist eine Form von Glück, auf die Sie Einfluss haben. Der Wille ist zentriert und der Verstand konzentriert.

Durch das Eintreten in eine solche Phase entstehen Selbst- und eine Zeitvergessenheit, da die Aufgabe Ihre ganze Aufmerksamkeit erfordert. So werden alle Bewegungsabläufe mühelos in einer harmonischen Einheit von Körper und Geist erledigt.

Momente der Zeitlosigkeit sorgen für innere Ausgeglichenheit, während fixe Ziele die Zeit verkrampfen.

Ziele liegen immer irgendwo in der Zukunft. Aber wir kommen der Zukunft kaum jemals wirklich näher. Sie bleibt eine Fata Morgana, der wir das Glück des Augenblicks opfern. Ziele schwächen die Zeit, weil die Konzentration auf das Ziel ausgerichtet ist. Der Moment der Zielverwirklichung ist aber sehr kurz und die Zeit danach fühlt sich qualitativ kaum besser an als zuvor. So geht die Erfüllung von Zielen oft mit Enttäuschungen einher. Und ein noch höheres Ziel wird angestrebt.

Bei größerer Umdrehung werden auch die Fliehkräfte stärker und man entfernt sich vom inneren Zentrum. Dehnen Sie lieber die Zeit. In der Entschleunigung lässt man das Ziel auf sich zukommen, statt ihm entgegenzuhetzen.

Schon der chinesische Philosoph Laozi erklärte vor 28 Jahrhunderten: »Nur wer sein Ziel kennt, findet den Weg.« Demzufolge sollten wir zwar ein Ziel haben, es ist aber nicht wichtig, das Ziel wirklich zu erreichen. Es gilt, einen Weg zu finden, um dem Ziel Schritt für Schritt näher zu kommen. Was man auf dem Weg lernen und erleben kann, ist oftmals viel wertvoller als das Ziel selbst.

Kairos

Und plötzlich tritt Kairos auf die Bühne – der Gott des richtigen Augenblicks. Er ist der jüngste Sohn des Zeus und ein Enkel von Chronos. Der makedonische Dichter Poseidippos von Pella beschreibt Kairos im 3. Jahrhundert v. Chr. in einem Gedicht als Gott, der alles bezwingt, indem er fliegt wie der Wind. Kairos bietet den Menschen die Möglichkeit, im richtigen Moment die richtige Entscheidung zu treffen. Um die

Fäden zur Vergangenheit durchzuschneiden, trägt der Gott ein Messer in der Hand. Eine Haarlocke fällt ihm in die Stirn, damit man ihn ergreifen kann, wenn er einem begegnet. Aber am Hinterkopf hat er keine Haare, denn ist er erst einmal vorbeigeglitten, ist es zu spät.

Kairos, das ist der besondere Moment, der geglückte, der richtige Augenblick. Aber ist er ein Geschenk oder erfordert er Anstrengung und Planung?

Um unsere gesamte Zeitplanung übersichtlich zu sehen, ist es wichtig, nur einen Terminkalender zu haben, einen einzigen Kalender für alle Termine, berufliche und private zusammen. So kommen wir nicht durcheinander – und gar nicht erst in Versuchung, zu viele Dinge auf einmal zu machen.

Schreiben Sie alles auf, was zu tun ist, wirklich alles, auch die unangenehmen Pflichten. Achten Sie auf Termine und Fristen, die einzuhalten sind. Dann legen Sie Prioritäten fest, und zwar Ihre eigenen Prioritäten. Streichen Sie, was gestrichen werden kann. Stehen Sie zu Ihren Streichungen, vertreten Sie sie nach außen, schaffen Sie Klarheit. Dann tragen Sie alle Aufgaben in den Terminkalender. Wann soll was erledigt werden?

Planen Sie auch genug Pausen und Freiräume ein. So befreien Sie sich von unnötigem Zeitdruck. Was diese Woche nicht geschafft werden kann, folgt nächste Woche.

Zum Entschlacken des Terminkalenders sollten Sie Zeitfenster blockieren, die leer bleiben – Zeit für Muße.

Überfordern wir uns mit unseren eigenen Erwartungen? Kairos steht nicht für das angestrengte Verfolgen eines Ziels, sondern den Nährboden für günstige Gelegenheiten schaffen, macht dauerhaft glücklich.

Kairos steht für das Hier und Jetzt, für den dimensionslosen Moment der Gegenwart. Er enthüllt eine Ebene der Zeit, eine Qualität der Zeit, die wir oft außer Acht lassen, nämlich die pure Gegenwart mit all ihren Möglichkeiten.

Das Potenzial der Zeit

»Zeit ist Geld« denken wir und rennen los. Aber Zeit lässt sich nicht in Geld verwandeln. Wäre Zeit tatsächlich Geld, dann müssten alle, die viel Zeit haben, im Umkehrschluss reich sein. Letztlich ist Zeit nur eine physikalische Größe und Geld nichts weiter als ein Zahlungsmittel. Sie sind Konstruktionen für symbolische Einheiten ohne eigene Qualität, ohne autonomen Sinn.

Zeit bietet die Möglichkeit, etwas zu tun. Geld bietet die Möglichkeit, etwas zu kaufen. Und damit bergen sie riesige Potenziale. Entsprechend riesig ist die Verführung, diese Potenziale bis zur Erschöpfung ausnutzen zu wollen. Dem steht die Angst vor dem Versagen gegenüber, die Zeit nicht gut zu nutzen. Jeder hat Angst, er könnte sein Leben verpfuschen.

Selbstverwirklichung heißt die Parole. Man läuft sich ständig hinterher, ohne sich einzuholen, hat neue Ziele und Ideale, um sein Ich zu finden und sich selbst zu bestätigen. Aber äußerlich soll es sich zeigen: für die anderen sichtbar werden. Werk, Eigentum, Leistung, Erfolg zeigen, wer ich bin; wir treiben uns ständig an. Es gilt als chic, sich ständig neu zu erfinden.

Der europäische Individualisierungsprozess versetzt Individuen in ständige Beschleunigung. Ständig läuft man seinem besseren Selbst hinterher, ohne es je einzuholen.

Immer neue Ziele und Ideale, um sich selbst zu bestätigen, lassen den bewussten Umgang mit der Ressource Lebenszeit aus dem Blick geraten.

Haben Sie eine To-do-Liste? Wenn Sie etwas erledigt haben, kommen bestimmt gleich drei neue Aufgaben hinzu … Übergriffe kommen von allen Seiten. Verpflichtungen und Verbindlichkeiten treten fordernd an uns heran oder überrumpeln uns – »Kannst du nicht mal schnell …?« Falls Ihnen nicht gleich ein abfedernder Lösungsvorschlag einfällt, räumen Sie sich Zeit für die Antwort ein. Setzen Sie sich fantasievoll zur Wehr, indem Sie Verständnis zeigen, aber Nein sagen.

Die Alternative zur To-do-Liste ist die Stop-doing-Liste. Alles, was überflüssig ist, wird darauf notiert. So verschaffen Sie sich Klarheit und entscheiden selbst, was wichtig ist: Muss wirklich ein Kuchen gebacken werden? Warum nicht einfach verschiedene Obstsorten kaufen und den Gästen anbieten? Manche Dinge erledigen sich von ganz allein, sobald man sich fragt: »Was passiert schon, wenn ich es sein lasse …?«

Intrinsisch leben

Was tun wir tatsächlich aus eigenem Wunsch? Und was haben uns andere angetragen? Ihre eigenen Ziele, Wünsche und Träume zu kennen, schützt Sie vor Fremdbestimmung.

Die Frage nach unserem Umgang mit Zeit ist vielleicht die schwierigste aller Menschheitsfragen. Ist Zeitbeschleunigung eine Säkularisierung unserer alten Unsterblichkeitswünsche? Wie könnte es gelingen, das Wissen um die Begrenztheit unserer Lebenszeit selbstbestimmt zu nutzen?

Wir brauchen Gelassenheit für ausgereifte Entscheidungen und anstehende Veränderungen. Veränderungen fallen leichter, wenn wir die Fähigkeit zu innerem Abstand besitzen: zu sich, zu den anderen, zum Leben.

Etwas, das bleibt

Sieht Nofretete nicht aus wie jemand, die sich ihrer selbst in größter Gelassenheit gewiss ist? Sie schert sich nicht im Geringsten um das, was uns heute umtreibt.

Die Büste hat sich tief in das kollektive Gedächtnis der Welt eingeprägt. Inmitten ihrer Kommerzialisierung ist sie zu einer Projektionsfläche geworden. Aus den Fugen geratene Fantasien entstellen die historischen Fakten. Und ambitionierte Interpretationen der historischen Fakten verzerren die Geschichte.

Wir wissen, was wir sehen – wir sehen das Bild einer jungen, schönen Königin, voller Stolz und Würde, geheimnisvoll und einzigartig. Wir wissen, dass etwa 3250 Jahre zwischen ihr und uns liegen. Was haben die Menschen in der Zwischenzeit alles erlebt. Ihre Schönheit berührt uns, weil sie uns damit so nahe kommt. Sie entspricht unserem Schönheitsideal. So präsent scheint sie, ihre Büste steht direkt vor uns. Nofretete schaut uns schweigend an und sagt so viel. In der Nähe so fern, das ist ihr Geheimnis.

Wir kennen Knochen des Homo sapiens, aber wir besitzen weder das Bildnis eines Sumerers aus Mesopotamien noch ein Porträt eines minoischen oder babylonischen Königs, während Nofretete mit ihrer ausgeprägten Individualität und Persönlichkeit bis heute vor uns steht. Mit ihr schaut uns ein erster Mensch aus jahrhundertealter Vergangenheit unmittelbar in die Augen – und es ist eine erhabene, eine schöne Frau. Man kann sich ihrem Blick kaum entziehen. Ein unbeschreiblicher Zauber geht von Nofretete aus.

Nofretete ist nicht zufällig schön. Wer ihr ins Gesicht schaut, hofft, dass vielleicht doch nicht alles vom Strom der Zeit mitgerissen wird. Dass etwas bleibt, dass es etwas wie Kunst gibt, die alles überdauert.

2

MONDRIAN UND DAS WESENTLICHE

Über Reduktion

Rot, Gelb und Blau

Mondrians perfekte Rasterkompositionen mit roten, gelben, blauen und weißen Flächen sind berühmt. Seine strengen Farbkompositionen gehören zu den Ikonen der modernen Kunst. Seit 1921 begrenzt der Maler die Farbflächen lediglich mit horizontalen und vertikalen schwarzen Streifen. Die Bilder zeigen nur noch gerasterte Farbfelder. Mondrian reduziert seine Palette radikal und arbeitet nur noch mit den Primärfarben sowie mit Schwarz und Weiß. Er nennt seine Bilder schlicht Komposition und nummeriert sie fortlaufend.

Kasimir Malewitsch ist es, der 1915 erstmals ein geometrisch abstraktes Gemälde ausstellte. Mondrian und Malewitsch sind sich nie begegnet und ihre Herangehensweisen an das Thema der Abstraktion sind tatsächlich grundverschieden. Mondrians Idee geht von der Linie und der Rasterstruktur aus. Malewitsch hingegen wählt die freie Fläche, sodass in seinen Bildern die geometrischen Formen auf dem weißen Untergrund zu schweben scheinen.

Piet Mondrian, der seine Laufbahn als Maler mit spätimpressionistischen Landschaften in der Tradition der niederländischen Malerei begonnen hatte, ging noch einen Schritt weiter. Er verlegt alle Farbflächen in ein dynamisches Gitternetz aus vertikalen und horizontalen Streifen. Die Gitterstruktur und das Gleichgewicht innerhalb der Komposition erzeugen die aufgeräumte Wirkung. Die Flächen sind fest in einer Ebene positioniert. Wassily Kandinsky dagegen war Synästhetiker. Er konnte Farben und Formen Temperaturen und Klängen zuordnen. So empfand er Gelb als eine ›spitze‹ Farbe, die sich in Verbindung mit der spitzen Form des Dreiecks steigere. Daher versuchte er Bilder zu malen, wie man Musik komponiert.

Das Weiß

Die Abstraktion war für Mondrian das Überwinden des Materiellen und das Vordringen in eine ideelle Dimension. An seine Bilder koppelt Mondrian ein Weltbild, das von esoterischen Geistesströmungen aus der Zeit um 1900 abgeleitet ist. Er ist seit 1909 Mitglied der Theosophischen Gesellschaft, die davon ausgeht, dass im Universum alles Existierende in seiner fundamentalen Essenz mit dem kosmischen Bewusstsein verwandt und von ihm in allen seinen Teilen belebt und beseelt werde. Damit seien alle Lebewesen miteinander verbunden. Mondrian erklärt in seinen Schriften, dass der rechte Winkel die »einzige konstante Verwandtschaft zur reinen Realität« sei, und die wechselnden Proportionen repräsentieren durch ihre Veränderung das Leben.

Die schwarzen Farbstreifen gliedern die Fläche nie symmetrisch, sondern sind rhythmisch und dynamisch angelegt.

Die Farben im Rastersystem bilden starke Gegensätze und lösen eine Kontrastwirkung aus. Das schwarze Rastersystem und die Homogenität der Farbe verhindern jegliche Raum- und Tiefenwirkung. Für Mondrian bedeuten die ineinander verwobenen Farben die Verflechtung allen Seins auf der Welt.

Entscheidend ist bei Mondrian das Weiß. Die weißen Flächen sind es, die Spannung entstehen lassen. Das scheinbare Nichts und die Leere geben Ruhe und Stille sowie Kraft und Energie.

Für Mondrian bedeutet Weiß die Sehnsucht nach einer universellen Harmonie. Weiß, das ist die Gegenstandslosigkeit in

Vollkommenheit – eine Unendlichkeit voller Möglichkeiten. Weiß wird Symbol für eine zukünftige Welt. Die weißen Flächen erinnern an die Dualität von Materialität und Immaterialität. Die Gegenüberstellung der Farben findet im Weiß eine Ausgeglichenheit, die sich dem Betrachter unwillkürlich mitteilt.

Weniger ist mehr

Größten Einfluss hatte das Werk Mondrians auf die Künstler des Bauhaus'. Die regelmäßig gerasterte Fassade des Werkstattgebäudes von Walter Gropius in Dessau bezieht sich unmittelbar auf Mondrians strenge und einfache Streifenkompositionen. Oskar Schlemmer, Maler, Bühnenbildner und Lehrer am Bauhaus Dessau, bezeichnete Mondrian als den »eigentlichen Gott des Bauhaus'«.

Schon früh wurden die Kompositionen von Mondrian in der Kunst zitiert. Der französische Couturier Yves Saint Laurent entwarf 1965 elegante Kleider mit den geometrischen Motiven.

Heute übernehmen auch Verpackungen und Produkte die typischen Elemente der Rasterkompositionen. Ein Beispiel ist eine Haarpflegeserie der Kosmetikfirma L'Oréal aus dem Jahr 1986, die bis heute auf dem Markt ist. Produkte im Mondrian-Stil signalisieren ihre Verbindung zur Kunst und beanspruchen somit eine Aufwertung. Zugleich haben die übersichtlichen Strukturen mit den leuchtenden Farben einen hohen Wiedererkennungswert. Die schematischen Farbflächen in schwarzen Streifen haben einen großen Wiedererkennungswert. Die Farben sind leuchtend, die Komposition ist übersichtlich geordnet.

Zu den von Mondrian inspirierten zeitgenössischen Künstlern gehören bis heute viele Maler und Bildhauer und schließlich die gesamte Strömung der Minimal Art der 1960er Jahre. Mondrian hatte diese Kunstrichtung mit seinen aufs einfachste reduzierten Formen grundlegend vorbereitet.

Von Mondrians Kunst geht eine radikale Aussage aus, die jeder versteht: Weniger ist mehr. Der Architekt Ludwig Mies van der Rohe griff den Ausdruck »Less is more« prominent auf und machte ihn zur gestalterischen Maxime. Gemeint ist damit, dass die Reduktion auf das Wesentliche in Architektur und Design zu besseren Ergebnissen führt als die Überfrachtung mit überflüssiger Ausstattung.

Was kann alles weg?

Auf unseren Alltag bezogen bedeutet »Weniger ist mehr«, dass Ballast belastet. Er kostet Zeit, Geld und Energie. Er belastet nicht nur unseren Alltag, sondern unser ganzes Leben.

Ballast behindert uns, denn er schränkt unsere Lebendigkeit ein. Nicht selten steht er für ungelöste Konflikte in unserem Leben – für Ungeklärtes, Ärger und Groll. Sie erzeugen Spannungen, die ein harmonisches Lebensgefühl sabotieren.

Treffen Sie also Entscheidungen für und gegen Dinge. Vieles ist nur sentimentaler Plunder. Was bewahren Sie schließlich in Ihren Schränken auf? Liebe, Glück, Abenteuer? An jedem Gegenstand, den wir besitzen, hängen Geschichten und Erinnerungen, aber auch Hoffnungen und Träume. Aufräumen hilft dabei, eine mentale Bestandsaufnahme zu machen. Indem wir unser Leben entrümpeln, gehen wir fürsorglich mit uns um und klären unsere Seele.

Schon der griechische Philosoph Sokrates soll, als er über den Markt ging, gesagt haben: »Wie zahlreich sind doch die Dinge, derer ich nicht bedarf.« Heute heißt es: »Souverän ist nicht, wer viel hat, sondern wenig braucht.«

Tabula rasa – machen Sie einen Neuanfang ohne altes Gerümpel. Gleichzeitig können Sie Ihre Beziehungen, Gewohnheiten und Werte überdenken. Ausmisten ist wie eine seelische Tiefenreinigung. Mit der Reduktion klären Sie Ihre Beziehungen, vor allem die Beziehung zu sich selbst. Sie bestimmen Ihren Standpunkt zur eigenen Vergangenheit und Zukunft sowie zu anderen Menschen. Zugleich verorten Sie sich in der Gegenwart.

Die Befreiung von einengendem Ballast bereitet den Weg zu mehr Lebensqualität – zu einem Mehr an Sinn, an guten Beziehungen, an jener Kreativität, die aus Muße und Langsamkeit entsteht.

Wir werden effizienter, wenn wir nur besitzen, was wir wirklich brauchen. Ist der Ballast erst weggeschafft und unser Leben aufgeräumt, kehren wieder Energie, Sensibilität und Lebensfreude ein. Wir sind flexibler und offen für Neues.

Mondrian ist immer auf der Suche nach Neuem. Nach seinem Umzug im Dezember 1911 nach Paris wendet er sich dem Kubismus zu. Der Kubismus bringt ihn zur konsequenten Abkehr von der Gegenständlichkeit und zur Reduktion auf die Primärfarben, die seine Kunst so unverwechselbar machen wird. Der Maler beginnt die Form zu entmaterialisieren und die Wirklichkeit noch mehr zu abstrahieren. Im Gegensatz zu den meisten Kubisten lehnt Mondrian zusätzlich Volumen und jede Räumlichkeit ab und radikalisiert daraufhin seine bereits deutlich grafische Malerei, reduziert sie auf Linien und Farbflächen.

Reduktion als Befreiung

Zu den von Mondrian inspirierten Künstlern gehören bis heute viele Maler und Bildhauer einschließlich der gesamten Strömung der Minimal Art. Mondrian hat diese Kunstrichtung der 1960er Jahre mit seinen maximal reduzierten Formen vorweggenommen.

Viele Künstler haben Abwandlungen formuliert, die das Diktum »Less is more« umdrehen oder variieren. Der Industriedesigner Dieter Rams wandelte den Leitsatz in »Weniger ist besser« um. Ziel seiner Entwürfe ist die Klarheit der Form, Materialgerechtigkeit und einfache Bedienbarkeit. Der US-amerikanische Architekt Charles Jencks konstatierte ablehnend: »less is bore«, und erlaubt sich eine verspieltere Position. Mondrians Landsmann, der Rotterdamer Architekt Rem Koolhaas, philosophierte: »If less is more, maybe nothing is everything?«

Zu viel ist definitiv nicht gut. Durchschnittlich besitzen wir 15.000 Dinge im Haushalt, 80 Prozent davon bleiben unbenutzt. Gerümpel in der Wohnung verdrängt uns und entwickelt ein unheimliches Eigenleben in unserer Wohnung. Es fordert Aufmerksamkeit, zieht Energie ab und frisst Zeit. Gerümpel zwingt uns zum Suchen. Man findet nichts, kauft doppelt, verliert Raum und kommt nicht weiter.

Menschen, die von ihrem Alltag überfordert sind, haben in

der Regel viel zu viel Krempel. Nicht nur das Gerümpel, das uns jeden Tag auf dem Hindernisparcours durch die Wohnung begegnet, sondern auch die Kisten in der Abstellkammer, die Kartons im Keller, alles, was aus dem Schrank quillt oder auf dem Boden herumliegt, beeinträchtigt unsere Lebensqualität. Wir binden uns an tote Materie, die uns bremst und beherrscht. Schnell wirkt die Wohnung leicht schäbig.

Schaffen Sie Platz für Ihre Träume. Wo in der Wohnung kann sich Ihre Zukunft ausbreiten? Die Dinge sollen Ihnen nützen und dienen, nicht umgekehrt. Sie sollen das Leben einfacher und schöner machen – Freude bereiten, damit Sie das Leben genießen können.

Wer Ballast reduziert, übernimmt Verantwortung für sein Leben. Wer in sich ruht, braucht kaum etwas, denn er vertraut sich selbst und lebt im Hier und Jetzt, statt sich an Dinge zu klammern.

Anfang des 20. Jahrhunderts weigern sich die Maler zunehmend, die Realität abzubilden. Kasimir Malewitsch, Wassily Kandinsky und Piet Mondrian suchen die Freiheit der Malerei in der gegenstandslosen Kunst. Jeder Schritt weg vom Abbild ist eine Befreiung. Linie, Farbe und Form stehen allein für sich. Das Bild stellt nur noch sich selbst dar. Der historische Ballast der Malerei musste weg. Befreiung vom Abmalen.

Dinge geben keine Liebe und kein Glück

Gerümpel ist oft das Symptom der seelischen Schmerzen, die unter dem Gerümpel verschüttet liegen. In der Regel liegen die Wurzeln für unsere starke Bindung zu Dingen in der Kindheit. Wir kompensieren Bindungsstörungen, Traumata, sexuellen oder emotionalen Missbrauch, Überforderung, Vernachlässigung oder die erzieherische Härte und Kälte der Eltern. Diese schweren Verletzungen unserer Seele können wir im Entrümpeln erkennen und überwinden.

Das Aufräumen hilft in unserem Prozess der Selbstfürsorglichkeit. Wir räumen unsere Seele auf, indem wir unsere Wohnung aufräumen und Ordnung halten. Verdrängungen werden aufgespalten wie Atomkerne, da die Abwehrmechanismen, mit denen wir tabuierte oder bedrohliche Inhalte und Vorstellungen von der bewussten Wahrnehmung ausschließen, zergliedern. Dadurch können Blockaden schließlich aufgelöst werden. Solange unsere Gefühle in einem Bereich blockiert sind, können wir darin keine klaren Entscheidungen treffen. Mit dem Aufräumen rücken wir diesen Blockaden von außen, mit unseren Händen, auf den Pelz. Unsere Gefühle klären wir parallel dazu. Deshalb ist Aufräumen ein Befreiungsprozess.

Wer nur die Wohnung aufräumt, riskiert unweigerlich Rückfälle. Wer dabei auch seine Seele aufräumt und das innere Chaos auf Dauer klärt, kommt mit sich selber ins Reine. Die Ordnung wird bleiben.

Der Reduktionsprozess wirkt positiv auf die Psyche. Wir trainieren den Entscheidungsmuskel im Kopf. Es gilt, Beziehungen, Gewohnheiten und Werte zu überdenken.

Ungeklärtes, Streitigkeiten, Ärger und Groll sabotieren ein gutes und harmonisches Lebensgefühl. Aufräumen ist wie eine seelische Tiefenreinigung. Mit der Klarheit treten tatsächlich weniger Krankheiten auf. Wir haben mehr Zeit für erfrischende und kreative Aktivitäten, die uns Spaß machen, unsere Interessen befriedigen oder eine neue Herausforderung darstellen.

Besitz ist oft der Ausgleich für erlittene Verluste. Wir suchen nach einer Ersatzbefriedigung, wenn wir nicht bekommen, was wir ursprünglich wollen, weil es vielleicht verboten ist oder wir nicht wissen, wie wir es bekommen können. Im Grunde ist jedes Suchtverhalten die Folge einer dauerhaften Befriedigung eines Bedürfnisses durch einen Ersatz, das Suchtmittel.

Lenken wir mit dem Gerümpel unbewusste Wünsche so um, dass es zum Ersatzobjekt wird? Aber sammeln wir doch lieber die schönen Momente in unserem Leben, die Bergwanderung mit Freunden oder den Spaziergang in der Sonne.

Verlassen wir uns doch auf unsere inneren Werte. Gehen wir in die Natur, nehmen wir die Schätze des Himmels, der Wiesen, Bäume, Tiere und Menschen um uns herum auf. Dann geht es uns wirklich gut und das strahlt unsere Persönlichkeit dann auch aus.

Machen wir ein schönes Foto von unserem alten Stofftier und werfen es danach weg. Wir brauchen es nicht mehr. Dinge geben keine Liebe und kein Glück.

Vergangenes loslassen

Mondrians Weg zur Reduktion der Farbe und Abstraktion der Form war ein langwieriger Prozess. Auch Mondrian musste die Tradition in der Malerei loslassen. Er musste das gegenständliche Malen überwinden. Es hat ihn einige Jahrzehnte Kraft gekostet, das fast archaische Prinzip der Malerei als Abmalen der Realität außer Kraft zu setzen.

Als junger Maler um 1900 ließ sich Mondrian von verschiedenen Stilen seiner Zeit anregen. Am Anfang stehen Landschaften, die sich auf stillen Wasserflächen spiegeln. Er steht damit in der Tradition der niederländischen Landschaftsmalerei und des Impressionismus: Linien, Flächen und Farben lösen sich im natürlichen Licht auf. Sein Frühwerk bestimmten die erdigen Farben der Natur.

Der Maler war lange auf der Suche. Goethes Farbenlehre lenkte seine Aufmerksamkeit erstmals auf die Primärfarben. 1908, nachdem er die Farbenlehre gelesen hatte, schrieb er: »Das Erste, was ich in meiner Malerei ändern musste, war die Farbe. Ich gab die natürliche Farbe auf zugunsten einer reinen Farbe.« Ihm bedeuteten die Primärfarben die Abstraktion von der ersten, uns umgebenden Welt. Die Abstraktion war für ihn das Überwinden des Materiellen und das Vordringen in eine ideelle Dimension. In seiner reduzierten, strukturierten und entmaterialisierten Malerei sah Mondrian die von ihm propagierte »neue Gestaltung« und das »reine Sehen des Universalen«. Seine Gemälde sind einerseits von calvinistischer Kargheit und asketischer Haltung, andererseits von der mystischen Weltsicht der Theosophie geprägt. Seiner Ansicht nach würde sich die Malerei in der Zukunft in eine Form der »Umweltgestaltung« verwandeln und als Einzelkunst obsolet werden. Bis heute steht Mondrian für die Abstraktion in der Kunst. Und damit für eine radikale Abkehr von der jahrhundertelangen Pflicht der Malerei zur Abbildung der Wirklichkeit. Er musste loslassen, was seine Lehrer ihn unterrichtet hatten, und sich über die Aura eines Michelangelo oder eines Vermeer stellen.

Seit frühester Zeit der Menschheit ist das Sammeln überlebensnotwendig. Gesammeltes Brennholz und Nahrungsmittel auf Vorrat sicherten das Überleben. Heute ist die Beschäftigung mit überflüssigen Gegenständen und das Ansammeln von nutzlosem Zeug eher ein Ausdruck des Verdrängens unbewusster Ängste. Wir müssen nicht mehr sammeln, sondern ständig loslassen.

Indem wir entrümpeln, entwickeln wir unsere Persönlichkeit weiter. Wir scannen unser Leben wie ein Antivirenprogramm unsere Daten im Computer. Ballast abwerfen.

Ballast abwerfen. So machen wir uns bewusst,
was wichtig ist, was gut ist oder uns schadet.
Es ist ein aufschlussreicher Klärungsprozess.
Ein befreiendes Gefühl und enorme Erleichterung
mit großer Tiefenwirkung breiten sich in uns aus.

Wir haben Angst vor der Zukunft und heben deshalb zu viel auf? Um uns die Angst vor Entscheidungen zu nehmen, können wir uns klarmachen, dass wir Bedeutung und Konsequenzen einer Entscheidung oft dramatisieren. Wir malen uns aus, was in der Zukunft Furchtbares passieren könnte, wie wir dies aushalten oder verhindern können? Wie wahrscheinlich ist es, dass wirklich etwas Schlimmes passiert?

Die Lösung liegt in unseren Erfolgen, sie stärken unser Selbstvertrauen. Befreiend wirkt die Frage: Was könnte das Schlimmste sein?

Wir können alle Argumente genau durchdenken und dann danach handeln. Aber wir können nicht alle Folgen einer Entscheidung überblicken, da wir nicht in die Zukunft schauen und vorhersehen können, wie sich eine Situation entwickeln wird. Wir können aus unseren Fehlern lernen und unsere Fehlentscheidungen akzeptieren. Die meisten Fehler lassen sich korrigieren und somit ist ihr Einfluss auf unser Leben gering. Verzeihen wir uns, wenn sich eine Entscheidung im Nachhinein als ungünstig herausstellt.

Unser Leben und unsere Lebensumstände verändern sich, so wie sich unsere Meinungen und Einstellungen im Laufe des Lebens verschieben. Bedeutung wandelt sich permanent. Damit ändern auch unsere Dinge ihren Charakter.

Sie werden alt, verlieren ihre Funktion und Notwendigkeit. Selbst ihren sentimentalen Wert büßen sie ein. Was uns vor ein paar Jahren noch von Herzen rührte, lässt uns heute kalt.

Mit dem Prozess des Aufräumens häuten wir uns und trennen uns stückweise von unserer alten Identität. Wir haben uns neu definiert und stimmen unsere Gewohnheiten darauf ab. Auch was uns seelisch belastet, ist Gerümpel und gehört ebenso auf die Liste der zu erledigenden Dinge.

Gerümpel sieht oft aus wie ganz normale Dinge, die wir tatsächlich gebrauchen. Weil es Teil unserer Vergangenheit ist, sind wir emotional damit verbunden. Wer aber überflüssigen Ballast aufhebt, lässt sich von seiner Vergangenheit gefangen halten.

Das alte Zeug verstopft Schränke, versperrt Flure oder steht unansehnlich herum. Es reduziert den Platz für das, was in unserer Gegenwart wichtig ist. Gerümpel engt uns ein und beschränkt uns in unseren Entfaltungsmöglichkeiten. Es steht für Stillstand, verstaubt und fühlt sich leblos an, die Zeit scheint stehengeblieben.

Wer mit seinen Gedanken an Vergangenem hängt und sich gleichzeitig um die Zukunft sorgt, wer sich quälen lässt von alten Erinnerungen und der Angst vor dem Ungewissen, hat nicht gelernt, den Augenblick zu spüren, und den Kontakt zu sich selbst verloren.

Sobald Sie Vertrauen in sich und Ihr Leben haben, sind Sie voll und ganz in der Gegenwart verankert. Dinge bieten keinen dauerhaften Halt. Sie brauchen Ihr altes Gerümpel nicht. In Entscheidungen, was zu Ihnen gehört und was nicht, können Sie sich ganz bewusst ein neues Bild von sich machen und Ihr Selbstbewusstsein stärkten.

Wer in sich ruht, muss sich an nichts festhalten und findet in seinem täglichen Leben von Augenblick zu Augenblick Geborgenheit, Sicherheit und Glück.

Was ist wesentlich?

Mondrian selbst ging es um strenge Abstraktion und strikte Gegenstandslosigkeit. Aber von seinen Gemälden geht ganz direkt eine höchst radikale Aussage aus, die scheinbar jeder unmittelbar versteht: »Reduce to the max.« Diese Werbebotschaft von Mercedes-Benz für den Smart kommentiert damit das berühmte »Less is more«, ein Oxymoron, das zum geflügelten Wort geworden ist. Der Architekt Ludwig Mies van der Rohe griff den Ausdruck im 20. Jahrhundert prominent auf und brachte damit seine architektonische Maxime auf den Punkt. In der künstlerischen Gestaltung wird »Less is more« seither besonders häufig als Leitgedanke verwendet. Gemeint ist hierbei, dass bei der Gestaltung eines Textes, Designs oder architektonischen Entwurfs die Reduzierung auf das Wesentliche, auf den Kern einer Sache oft zu einem besseren Ergebnis führt als die Überfrachtung mit überflüssiger Ausstattung. Dahinter steht die Idee des Minimalismus.

*Machen Sie es wie Mondrian:
Konzentrieren Sie sich auf das Wesentliche und
pflegen Sie Ihren eigenen Minimalismus.
Schaffen Sie klare Strukturen, die genau auf Ihre
Lebenssituation abgestimmt sind.*

Auch seelisch: Werden Sie aktiv und nehmen Ihr Lebensglück selbst in die Hand. Wenn Sie Ihr Problem schriftlich fixiert haben, dann brauchen Ihre Gedanken nicht nachts darum zu kreisen, sondern Sie unternehmen am Tag alles Notwendige, um sich davon zu befreien. Haben Sie sich auf dem Papier klargemacht, was Sie loswerden müssen, dann ist es konkret definiert. So wird das seelische Gerümpel überschaubar und kann in kleinen Schritten ausgemistet werden. Starten Sie durch hinein ins Leben.

Mit dem Abschied von Ballast beginnt ein genussvolleres, sinnliches und erfülltes Leben. Denn mit der Reduktion trainieren Sie die Fähigkeit, loszulassen und nicht zu verkrampfen. Sie leben mehr in der Gegenwart, kennen Ihre Ziele und Ihr aktuelles Befinden. Fröhliche Gelassenheit stellt sich ein. Gefühle werden spürbarer. Die Welt jenseits der Dinge wird so präsent wie Mondrians Weiß. Die Gegenüberstellung der roten, blauen und gelben Farbflächen in Mondrians Rasterkompositionen findet einen Ausgleich im Weiß. Das scheinbare Nichts und die Leere vermitteln Ruhe und Energie. Genau dieses Weiß brauchen wir im Leben, um die Spannungen zu lösen, denen wir den ganzen Tag ausgesetzt sind.

Reduktion bedeutet, Verantwortung für das eigene Leben zu übernehmen. Damit uns nicht länger die Dinge, der Besitz, das Gerümpel beherrschen, sondern jener immaterielle Geist, der unsere Persönlichkeit ausmacht.

In den Reduktionsprozessen, die Sie auf diesem Weg durchlaufen, können Sie Stück für Stück Ihre einstige Identität loslassen und abstreifen. Sie definieren sich neu, verändern Ihre Gewohnheiten. In Entscheidungen, was zu uns gehört und was nicht, wächst ein neues Bild von uns und wir gewinnen an innerer Freiheit.

Egal ob Ikea, edle Unikate oder Eiche rustikal, eine schöne Wohnung ist wie ein Mondrian: Es ist der Leerraum zwischen den Dingen, der Atmosphäre ausstrahlt. Sie werden sehen: Weniger ist mehr, denn Reduktion schafft Raum, den Menschen mit Leben füllen. Das Leben ohne überflüssigen Ballast ist reicher als je zu vor – reicher an Freiräumen für ausgelassenes Miteinander, konzentriertes Nachdenken und bewusste Entschleunigung.

3

WARHOL UND DIE WARENWELT

Über Konsum

All is pretty

Andy Warhols berühmtes Porträt von Marilyn Monroe ist kein Gemälde in Öl, sondern ein bunter Siebdruck. Der Künstler hatte das Pressefoto der Schauspielerin für den Film Niagara aus den 1950er Jahren nur wenige Tage nach ihrem Tod erworben. Warhol ließ es in Serie vervielfältigen. Die Individualität der Monroe tritt durch die kräftigen Farben in den Hintergrund.

Jeder, der bereit war zu bezahlen, bekam ein Porträt in Siebdruck von Andy Warhol. Auf diese Weise fertigte der Künstler annähernd tausend Porträts. Es galt: »Wer immer mit dem Öl des Papstes der Pop-Art gesalbt und sich seiner unsterblichen Bedeutung durch ein Porträt Andy Warhols versichern wollte, konnte sich diesen Wunsch gegen ein Honorar von 25.000 Dollar erfüllen. Dieser Preis war angesichts des Rufs, dessen sich der Porträtierende schon zu Lebzeiten erfreute, für viele ein offensichtlich unwiderstehliches Schnäppchen, wurde ihr Konterfei doch zu einer mündelsicheren Ikone geadelt«, erklärte Johannes Willms in der Süddeutschen Zeitung.

Die Pop-Art steht für einen Paradigmenwechsel: »All is pretty« statt »Less is more«. Ein größerer Gegensatz lässt sich schwer vorstellen als zwischen dem asketischen Einzelgänger Piet Mondrian und Andy Warhol, der gern immer von Leuten umgeben war und sich in sämtlichen Genres ausprobierte.

Die Künstler der Pop-Art wenden sich dem Trivialen zu – Hauptsache, es ist bunt und sofort verständlich. Von Roy Lichtenstein gibt es eine Serie von Comic-Versionen berühmter Gemälde. Er verwandelt van Goghs Zimmer in Arles, Motive von Matisse oder Picassos Demoiselles d'Avignon in seinen Stil. »Ich male genau das, was die Menschen beim Anblick der

Originale denken«, meinte Lichtenstein: »Sie denken: ›Oh, ein van Gogh‹, ›Das ist ein Cézanne!‹, ›Picasso!‹. Genau das zeige ich.«

Ende der 1950er Jahre zählte Warhol zu den bestbezahlten Werbegrafikern New Yorks. Die Suppendosen, Dollarnoten und Berühmtheiten, die er später zu Kunst erhob, sind in der Wirkung von Motiv und Farbe exakt auf die herrschenden Sehgewohnheiten abgestimmt. Warhol weiß, wie der amerikanische Konsument tickt und wie er seine Aufmerksamkeit erlangt.

Industrie und Wirtschaft tun nichts anderes, wenn sie unser Kaufverhalten erforschen und zu steuern versuchen. Unsere Kaufgewohnheiten werden genau beobachtet. Ob wir im Supermarkt mit einer Kundenkarte zahlen oder ob wir im Internet über Suchportale wie Google und kommerzielle Websites browsen, diese Vorgänge werden gespeichert und ausgewertet. Unsere Gewohnheiten sind bekannt.

Haben wir letzte Woche über Amazon die CD-Aufnahme einer Peking-Oper gekauft, wird uns nun auch gleich chinesische Popmusik angeboten.

Wie kaufen wir?

Drehen wir den Spieß einmal um und analysieren unsere Kaufmotivationen selbst. Fragen wir uns einmal selbst, wie unser persönlicher Einkaufstil ist.

Wofür geben wir am liebsten Geld aus, wofür geben wir das meiste Geld aus? Kaufen wir gezielt genau das ein, was notwendig ist, oder greifen wir spontan zu und kaufen viel mehr?

Gehen wir gerne einkaufen oder ist es uns lästig? Wo gehen wir einkaufen? Wann gehen wir einkaufen? Warum gehen wir etwas einkaufen?

Unser Kaufverhalten hängt von unserem sozialen und kulturellen Umfeld ab. Welche Menschen umgeben uns? Welche Werte, Normen, Sprache, Symbole, Religion und Verhaltensweisen beeinflussen uns? Wo leben wir, in der Stadt oder auf dem Dorf, in einem lebendigen urbanen Viertel, am Rande eines Industriegebietes oder auf einem Seegrundstück mit großem Garten? Diese Faktoren bestimmen unsere individuellen Wertvorstellungen und Handlungsmuster.

Wir kaufen nicht nur Waren,
sondern auch einen Lifestyle.

Kaufen wir Tomaten aus holländischen Gewächshäusern oder kaufen wir Äpfel vom Bauernhofladen auf dem Land? Kaufen wir unsere Kleider im Supermarkt oder fliegen wir zur eleganten Shoppingtour nach Rom? Kaufen wir praktische No-Name-Klamotten oder führen wir ein Chanel-Kostüm spazieren? Unser Kaufverhalten spiegelt unsere Werte.

1965 drehte Warhol den Film *Poor Little Rich Girl* mit Edie Sedgwick in der Hauptrolle. Eine Stunde lang erzählt das permanent rauchende und telefonierende Society-Girl, wie es sein von den Eltern geerbtes Vermögen in nur sechs Monaten durchgebracht hat. Die junge Frau hat sich hemmungsloser Verschwendungssucht hingegeben.

Wir besitzen viel, aber nie das Richtige

Die Grenze zwischen Kunst und Kommerz ist fließend geworden, seit Kunstsponsoring aus dem kulturellen Leben nicht mehr wegzudenken ist und jedes Museum seinen Museumsshop hat. Anlässlich einer Warhol-Ausstellung im Hamburger Bahnhof schrieb der Spiegel 2008: »Einkaufstüte nicht vergessen! Frischhaltedosen und Designerjeans: In der neuen Andy-Warhol-Schau in Berlin ist der Museumsshop gleich in die Ausstellung integriert. Nach Hirsts Massenversteigerung und Murakamis Markenoverkill die nächste, ziemlich ironiefreie Liaison von Kunst und Kommerz.«

Wer eine Ausstellung mit einem Stapel Postkarten, diversen Kühlschrankmagneten und anderen Souvenirs verlässt, handelt ganz nach Warhols Devise »Alle Kaufhäuser werden zu Museen und alle Museen zu Kaufhäusern«.

Das Habenwollen wird früh antrainiert. Von Kindheit an werden wir zum Glauben an den Segen des Konsumierens erzogen. Wir verbinden Besitz mit Liebe. Kauft die Mutter dem Kind ein niedliches Kleid, heißt das doch: Mutti hat dich lieb und möchte, dass du süß aussiehst.

Die Aggressivität der Werbung
und die ständige Aufforderung zum Konsum –
versus das persönliche Verlangen einer Befreiung
von der Diktatur der Wünsche durch
die Reduktion von materiellen Ansprüchen.

Im Wesentlichen geht es auch gar nicht um Verzicht, sondern darum, sich von den Zwängen des Konsums frei zu machen.

Selbstbestimmter zu leben. Mehr Zeit und Energie für die kleinen Freuden im Alltag zu haben.

Wie weit sind unser Konsumverhalten in einer Wegwerfgesellschaft und die Bindung des Wohlstandsverständnisses an materielle Güter veränderbar? Wo liegen die Grenzen des Wachstums? Ist nicht der Um- und Rückbau im Konsumverhalten dringend notwendig?

Niemand zweifelt, dass bei wachsender Zahl der Weltbevölkerung die Ressourcen begrenzt sind und wir neue Lebensstile finden müssen. Und doch: Unbedingt wachsen müssen gegenwärtig jene Industriezweige, die zur Reduktion des Naturverbrauchs beitragen.

An erster Stelle steht die Beschränkung des Konsums. Die Politik handelt nicht, Nachhaltigkeit und Reduktion bleiben Privatsache. Gut ausgestattete Haushalte kaufen biologische Produkte aus der Region, beziehen Strom aus erneuerbaren Energien und entwickeln private Maßnahmen, statt sich auf staatliches Handeln zu verlassen. Wenige gehen bis zu einem anarchischen Lebensprinzip und haben sich von vielen Konventionen frei gemacht.

Die Entkommerzialisierung unseres Lebens schenkt uns immense Freiräume.

Kostenwahrheit

Fast jedes Produkt enthält verdeckte Kosten – materielle, volkswirtschaftliche, ökologische, soziale. Sie sind externalisiert und werden nicht in den Preis einberechnet. Diese Kosten werden später auf private Haushalte abgewälzt.

Welche Kosten sind das? Straßenbau, Klimaauswirkungen, Subventionen, Entsorgungsprobleme sowie verursachte Umweltschäden und die Verlagerung von Zahlungen auf zukünftige Generationen. Logischerweise sollten diese Kosten nicht externalisiert werden, sondern nach dem Verursacherprinzip berechnet werden. Erst wenn der Verursacher die Folgekosten tragen muss, entsteht der Anreiz, sie zu vermeiden.

Die Vokabel Kostenwahrheit kam in den 1990er Jahren im Zusammenhang mit dem Lkw-Verkehr auf. Insbesondere im Verkehr fehlt Kostenwahrheit. So werden die Ausgaben öffentlicher Verwaltungen für den Autoverkehr wie Unterhalt und Bau von Parkplätzen sowie die Straßenreinigung, Straßenbeleuchtung, Straßenentwässerung, Feuerwehr, Polizei, Wirtschaftsförderung, die Arbeit der Grünflächenämter und städtischen Bauhöfen nicht auf den Autofahrer übertragen. Über die Berechnungsmethoden, insbesondere zu Unfall- und Staukosten, wird gestritten.

Ein anderes Bespiel fehlender Kostenwahrheit: Für eine Firma mag es vorteilhaft sein, Abwässer gar nicht oder schlecht geklärt in einen Fluss laufen zu lassen. Gesamtwirtschaftlich fallen dadurch Zusatzkosten für die Trinkwasseraufbereitung an sowie für Bau und Unterhaltung von Schwimmbädern, wenn man in den Flüssen und Seen nicht mehr schwimmen darf. Ökologische Folgeschäden zu berechnen ist sowieso schwierig.

Vor allem Subventionen verhindern Kostenwahrheit. Beispielsweise belohnt Europas Zuckermarktordnung die massive Überproduktion von Zucker. Der Zucker kommt nicht zu fairen Preisen auf den Weltmarkt. Die Entwicklungsländer können nicht konkurrieren, obwohl sie gerade mit dem Verkauf von Zucker Gewinne machen könnten.

Der Gesetzgeber muss Verursacher verpflichten, alle Kosten zu internalisieren. Der Preis für ein Produkt würde steigen und die Akzeptanz auf dem Markt würde sich verändern.

Kauf und Zeit

Die wenigsten Konsumgüter entlasten uns. Unser materieller Besitz fordert jede Menge Aufmerksamkeit. Die Sachen sagen: Kauf mich, hab das Geld für mich, transportiere mich, lies meine Bedienungsanleitung, tausch mich um, bau mich erst mal auf, reparier mich, bastele mich zu Ende, räum mich auf, hefte mich ab, mach mich sauber, kauf mir ein Regal, bring mich in die Werkstatt, wo bekomme ich mehr Zinsen, kontrolliere die Buchungen, aktiviere mich mit einer PIN, kauf eine neuere Version von mir, bau einen Safe für mich ein, installiere eine Alarmanlage, versichere mich … und wir rennen rum, um all diese vermeintlichen Notwendigkeiten zu erledigen. Sogar die fachgerechte Entsorgung ist nicht unkompliziert.

Wir sind mit unserem Zeug beschäftigt. Am Samstagvormittag fahren wir also in die vollgestopfte Fußgängerzone, suchen einen Parkplatz, füttern die Parkuhr, schieben uns mit anderen Suchenden durch die Geschäfte, warten auf den Verkäufer, der Service ist schlecht, nein, es gibt gar keinen Service, quetschen uns in die Umkleidekabine, stehen Schlange an der Kasse, schleppen vollgestopfte Tüten durch die Straßen und schieben uns schließlich durch den Innenstadtstau nach Hause. Weihnachten, in der besinnlichen Zeit, geben wir uns ganz dem Konsumrausch hin und kaufen viele Geschenke.

Besitz beansprucht Zeit, Raum und Energie. Haben Sie schon mal einen Drucker gekauft? Sie sondieren das Angebot.

Nach einer Woche kennen Sie alle gängigen Modelle auf dem Markt. Die Verkäufer in den Elektronikgeschäften Ihrer Umgebung grüßen Sie schon. Ihnen ist das aber peinlich. Permanent vergleichen sie die Kapazitäten und Nachfüllfunktion von Druckerkartuschen. Die vielen Nachteile der Geräte gegeneinander abzuwägen ist schwierig.

Sie beschäftigen sich mit Obsoleszenz, dem vorsätzlich geplanten Verschleiß. So gibt es Drucker, die nach einer bestimmten Anzahl gedruckter Seiten eine Defektmeldung ausgeben. Der Drucker druckt plötzlich nicht mehr. Der Drucker ist aber nicht defekt. Es ist nur eine Sperre eingebaut. Er soll nach einer bestimmten Anzahl von Kopien nicht mehr drucken. Mithilfe einer speziellen Software aus den Tiefen des Internets können Sie diese bösartige Funktion aber abschalten.

Aber Sie brauchen ja einen Drucker und suchen weiter. Die Qual der Wahl. Zum Schluss resignieren Sie und kaufen einfach den schönsten Drucker. Jetzt wird es aber erst richtig schwierig. Planen Sie unbedingt einen Urlaubstag ein! Denn Sie müssen das gute Stück auch dazu bringen, zu drucken. Der Verkäufer hat erklärt, dass Sie nur die Installations-CD einlegen müssen. Aber jetzt geht der Spaß erst richtig los. Die CD bringt den PC auf Hochtouren, aber nach einer Stunde lässt es sich nicht vermeiden, Sie müssen die Bedienungsanleitung zu Hilfe nehmen. Die Bedienungsanleitung eines englischsprachigen Mitarbeiters der kalifornischen Firma im indischen Bangalore ist von einem deutschsprachigen Mitarbeiter eines outgesourcten Servicecenters in Bukarest übersetzt worden. Sie verstehen wirklich kein Wort. Sie rufen die Hotline an, zahlen 2,80 Euro die Minute …, aber das kennen Sie ja schon.

Bei Kaufentscheidungen für Anschaffungen sind natürlich auch die Betriebs- und Folgekosten zu beachten. Das gilt für den späteren Energieverbrauch ebenso wie für die leichte Reparierbarkeit oder die Langlebigkeit der Produkte. Wir legen ja auch Wert auf die funktionale und ästhetische Qualität.

Wegwerfprodukte sind Zeit-, Geld- und Ressourcenvergeudung. Und Samstage sind zu wertvoll für öde Einkaufspassagen.

Konsumfasten

Macht mich eine bestimmte Kaufentscheidung zum Künstler? Oder liegt die Kunst gerade im Konsumverzicht?

Konsumverzicht ist genauso einfach wie Kaufen: Sie stellen zum Beispiel fest, dass Ihre Schublade für Socken überquillt. Dann sprechen Sie sich das »Sockenkaufverbot« aus. Kaufen Sie zwölf Monate lang keine Socken. Es geht wunderbar. Sie werden sehen. Platz ist wieder geschaffen.

Oder gehen Sie mal einen Tag lang nicht einkaufen. Sie haben doch wahrscheinlich schon alles? Psychologen haben festgestellt, dass die Lebenszufriedenheit nicht mehr steigt, wenn das Einkommen steigt oder mehr Luxus in das Haus kommt. Die Freude darüber hält nur kurz an. Kaufen Sie also einen Tag lang gar nichts. Sie werden genug Lebensmittel in der Küche finden und bestimmt nicht verhungern.

Die Steigerung des Buy-nothing-Days: einen Monat nur Lebensmittel kaufen. So brauchen wir viele Vorräte auf und müssen uns nicht mit Kaufentscheidungen für Anschaffungen abmühen.

Reisen und Konzertbesuche machen glücklicher als Produkte aus dem Laden. Materielle Dinge werden schnell als langweilig empfunden. Man gewöhnt sich an sie. Das edle japanische Santoku-Messer für 2000 Euro erfüllt uns mit Stolz. Erst hat es einen Ehrenplatz, bald liegt es im Besteckkasten. Später ist es nur noch ein Messer. Die Erinnerung an einen Museumsbesuch hat eine tiefere Wirkung.

Viele kleine Freuden im Alltag machen glücklicher als große kostspielige Luxusdinge, weil sie uns schnell selbstverständlich werden. Gönnen Sie sich öfter etwas Nettes im Alltag: Massagen, Kino, eine Taxifahrt, frische Blumen, ein Eis im Park oder Spezialitäten aus dem Gourmettempel.

Kann man Glück kaufen?

Verherrlicht Warhol die Warenwelt? Oder hat sein Werk auch kritisches Potenzial? Warhol hätte Letzteres mit Sicherheit verneint: »Wer alles über Andy Warhol wissen will, braucht nur die Oberfläche anzusehen, die meiner Bilder und Filme und von mir, und das bin ich. Da ist nichts dahinter.«

Eine solche Totalität – die Innerlichkeit ist identisch mit schillernder Oberfläche – wäre als Lebensmodell genauso unerträglich wie eine hundertprozentige Mondrian-Welt, die nur aus Transparenz und Struktur bestünde. Warhol hat für Ambivalenz gesorgt, indem er Motive der Verwundbarkeit und Vergänglichkeit in sein Werk einbezog, wie Unfälle, Totenschädel und die trauernde Jackie Kennedy.

Die Warenwelt ist mehr als das Schillernde, Bunte und Heitere, das zeigt Warhol, ob beiläufig oder bewusst, sondern gleichzeitig abgründig, totalitär und manipulativ.

Permanent versucht uns die Werbung pures Glück zu verkaufen. Verkaufspsychologie, Werbepsychologie und die Marktpsychologie wollen uns heute nicht mehr das Produkt an sich anpreisen. Die sachliche Information zu einem Produkt tritt völlig in den Hintergrund. Symbolische Assoziationen sollen im potenziellen Käufer geweckt werden. Das wundervolle Auto auf einer sonnigen Traumroute mit Blick auf das Meer. Die schöne Blondine räkelt sich auf dem Beifahrersitz. Das Produkt wird in einen emotionalen Kontext gesetzt. Oder: Ein smarter Typ überreicht seiner Chefin lächelnd eine Aktenmappe; sie nickt anerkennend und atmet tief ein: Erfolg bei Frauen, Erfolg im Beruf – man braucht nur das richtige Deo auszuwählen.

So einfach ist das! Wenn wir das glauben – ja, dann kaufen wir Glück. Oder fühlen wir uns nicht doch an der Nase herumgeführt? Klar, diese Bilder von der heilen Welt sickern in unser Unbewusstes und aktivieren sich dort im richtigen Augenblick. Gleichzeitig erzeugt Werbung latent immer neue Sehnsüchte und schürt damit unterschwellige Unzufriedenheit, weil wir nie alles haben können oder gleichzeitig an mehreren Orten sein können. Wir wollen aus dem goldenen Käfig, der von der Werbeindustrie geschickt angestachelten Konsumlust raus.

Ist es nicht viel schöner, mit Kindern auf einen Bauernhof zu fahren und Stachelbeeren körbeweise zu ernten? Gleichgesinnte zu treffen? Zusammen Marmelade einzukochen? Ein Glas davon zu verschenken?

Besser kaufen

Was könnten wir am einfachsten aus der Region kaufen? Wahrscheinlich viele Lebensmittel. Olivenöl und Reis, da wird es allerdings schon schwieriger. In Deutschland liegt der Anteil unserer Ausgaben für Nahrung bei rund elf Prozent pro Kopf. Wikipedia listet über 40 Regionalwährungen in Deutschland auf. Regionalwährungen gibt es auch schon in Österreich, der Schweiz, Griechenland, Italien, Ungarn, Brasilien und den USA.

Die überschaubaren Strukturen der regionalen Märkte verkürzen die Wertschöpfungsketten. Kürzere Transportwege entlasten die Umwelt. Regionalwährungen können die Kaufkraft an die Region binden. Sie entsprechen weitgehend dem Prinzip der Subsidiarität.

Der direkte Kontakt zwischen Herstellern und Verbrauchern sorgt für Transparenz und stärkt die regionale Vernetzung. Daraus resultiert ein erweiterter demokratischer Handlungsspielraum.

Die Nähe zum Verbraucher unterstützt regionaltypische Besonderheiten vor allem bei Lebensmitteln und im Handwerk. Regionale Wirtschaftskreise nehmen auf lokale Bedürfnisse Rücksicht. Dadurch, dass man sich kennt, steigt die individuelle Verantwortung für das soziale und regionale Gefüge. Das Bewusstsein für die Wirtschaft in der Region und die Identifikation für die Kultur der Region nimmt zu. Insgesamt steigt das Interesse am Gemeinwohl. Gemeinnützige Projekte entstehen, das Verantwortungsbewusstsein gegenüber der Region nimmt zu. Ein ökologieverträglicher und krisenresistenter

Rahmen schafft Vertrauen. Man investiert mehr Zeit in die Nachbarschaft und fühlt sich am Wohnort verwurzelt.

Der größte Nachteil der Regionalwährungen als Komplementärwährung zum Euro ist vor allem die Gebühr für die Umlaufsicherung. Diese Abgabe begünstigt den Konsum, die Regionalwährungen sollen nicht gespart werden.

Zumindest helfen Regionalökonomien, das Thema Geld und Wirtschaft einmal von einer völlig anderen Seite zu betrachten, besser zu verstehen und aktives Mitglied eines lebendigen Wirtschaftsgefüges zu werden.

Ein anderes Modell ist die solidarische Landwirtschaft, der Zusammenschluss einer Gruppe von Verbrauchern mit einem Partner-Landwirt. Verbraucher geben eine temporäre Abnahmegarantie für die Produkte des Bauern. Der Verbraucher erhält im Gegenzug Einblick und hat Einfluss auf die Landwirtschaft. Meistens sind es Landwirte, die biodynamisch oder andersartig ökologisch ausgerichtet sind.

In einigen Fällen geben die Verbraucher dem Landwirt auch ein zinsgünstiges Darlehen, um den Aufbau des Hofes oder die Umstellung auf ökologische Produktion zu ermöglichen.

Bei einer Mitgliedschaft bekommt man gesunde und frische Nahrungsmittel aus einer bäuerlichen und ökologischen Landwirtschaft, die die Natur- und Kulturlandschaft pflegt. Für Kinder und Erwachsene ist es möglich, bei der Ernte zu helfen und die Pflanzen auch schon beim Wachsen kennenzulernen. Alle teilen sich anteilig die Verantwortung, das Risiko, die Kosten und die Ernte.

Diese Partnerschaft unterstützt die Ernährung von lokalen Erzeugnissen sehr direkt. Der Leitgedanke ist dabei, dass der heutige rohstoff- und energieintensive Lebensstil aus ethischen Gründen zurückgefahren wird.

4

JEFF KOONS UND DAS HABENWOLLEN

Über Ressourcen

Kunst als Ressource

Jedes Kunstwerk ist einzigartig, unverwechselbar und verändert die Wahrnehmung, unsere Sicht auf die Welt. Aber auch Künstler leben nicht von Luft und Liebe. Also müssen sie ihre Werke verkaufen. Und hier beginnt das Dilemma: Hehre Kunst schnöde zu Markte tragen? Wird der Preis für bemalte Leinwand nach Quadratzentimetern und alles andere nach Gewicht berechnet? Kunst generiert Werte auf dem Markt. Auf diese Weise wird Kunst zur Ressource. Da die Kunst aber so außergewöhnlich ist, ist sie für die Wirtschaft von höchster Bedeutsamkeit. Sie ist eine ganz besonders edle Ressource.

Tritt die Kunst als Ware in den Handel, treten auch die allgemeinen Gesetze der Märkte in Kraft. Die Kunst muss sich in der Hierarchie der Dinge einen Platz suchen, weil sie zu einer Ressource der Wirtschaft geworden ist.

Die Beziehung von Kunst und Handel wurde nicht immer verachtet. Im Gegenteil, im Goldenen Zeitalter in den Niederlanden feierte man seinen Wohlstand ganz unbefangen. Bilder wurden in Gaststätten, auf Märkten und Messen verkauft. Allein in Antwerpen gab es im 16. Jahrhundert rund 100 Kunstgalerien, deren Handelsbeziehungen sich über ganz Europa ausbreiteten.

Erst in der Zeit der Romantik verklärte und überhöhte man die Kunst. Nicht mehr die Jahrmärkte und Wohnzimmer waren gut genug für die Kunst. Es wurden Museen gebaut. In Deutschland eröffnete man 1754 in Braunschweig mit dem Herzog-Anton-Ulrich-Museum das erste öffentliche Museum in Deutschland. Die Museen wurden als heilige Tempel angesehen, wo man in stiller Andacht die Kunst bewundern konnte.

Der Kunstmarkt heute schützt sich so weit wie möglich davor, Angriffsflächen zu bieten. Elegant inszenierte Kunstmessen blenden den Messecharakter aus und rücken das Museale in den Vordergrund. Der Kunstmarkt folgt besonderen Codes im Auftreten. Es gibt keine Preisschilder oder Sonderangebote. Dafür gibt es Champagner und schöne Blumengestecke. Kunst wird mit der Aura von Luxus und Noblesse aufgeladen. Natürlich gilt für die Reichen noch immer die barocke Einstellung, mit Kunstbesitz Status und Prestige anzuzeigen. Einen Rolls-Royce kann man in Serie kaufen, einen Gerhard Richter nicht.

Alles kann Kunst sein, nichts ist Kunst. Wer weiß das schon? Auch diese Ressource flottiert frei am Markt. Angebot und Nachfrage bestimmen die Preise von Kunst. Ein Bild ist so viel wert, wie zwei Menschen es miteinander vereinbaren. Gigantische Millionensummen werden auf Auktionen geboten, Gesten der Macht, die doch nur den Warenwert der Kunst bestätigen. Im Handel vor allem zeitgenössischer Kunstwerke liegen gewaltige Möglichkeiten und Risiken. Moden und Trends können nachlassen. Fälschungen vernichten den Kapitaleinsatz sofort.

Wird Kunst als reines Investitionsgut betrachtet, gibt es sogar die Möglichkeit der steuerbefreiten Einlagerung von Kunstwerken in speziell temperierten und gesicherten Lagerhäusern, um die Ware im passenden Augenblick mit spekulativer Wertsteigerung auf dem Markt anzubieten.

Seit Jahren steigen die Preise für zeitgenössische Kunst, weil nun auch Sammler aus China, der arabischen Welt und Russland die Preise in die Höhe treiben. Jeder, der genug Kapital hat, kann in Kunstwerke investieren wie in Aktien, Edelmetalle, Diamanten oder Grundstücke. Manche Künstler erleben auf diese Weise eine Blitzkarriere und stürzen vielleicht wieder ab.

Entsprechend bewegt sich der Kunstmarkt nahe an der organisierten Kriminalität. Denn hier lohnt es sich richtig. Und diese Branche ist nicht so schmutzig wie Drogen-, Waffen- oder Frauenhandel. Im Gegenteil: Man gewinnt dort sogar zahlreiche schillernde »Freunde«. Aber Steuerflucht und Geldwäsche, Fälschung und Diebstahl sind auch im Kunsthandel nicht zu vermeiden.

Besitzen ist out

Jenseits der Welt der Superreichen, die ihre Lebenszeit gerne mit dem Kauf von Kunstwerken verbringen, hat sich in den letzten zwanzig Jahren ein neues Bewusstsein von Ressourcen herauskristallisiert: Downshifter besitzen so wenig wie möglich und tasten Ressourcen nur an, wenn es tatsächlich notwendig ist.

Berühmt ist das Beispiel der Bohrmaschine: Eine Bohrmaschine läuft durchschnittlich dreizehn Minuten im Jahr. Das bedeutet, die meisten Bohrmaschinen werden gekauft, um dann so gut wie nie gebraucht zu werden. Lohnt es sich da überhaupt, für ein paar Löcher in der neuen Wohnung eine teure Maschine anzuschaffen?

Downshifting bedeutet Leihen statt Kaufen, egal was: Werkzeug, Sportausrüstung, Brautmode, Geschirr, Kostüme, Kameras, Beamer, Scanner, Bücher, DVDs – fast alles ist leihbar. Es gibt Portale im Internet und sogar eine App für das Handy.

Beim Besuch im Baumarkt reicht es, den Strichcode eines Produkts zu scannen. Und schon sucht die App in der Freundesliste, ob jemand genau dieses Gerät bei sich zu Hause hat. Besonders im Internet wächst die Zahl der Angebote rasant.

Collaborative Consumption und Share Economy sind neue Entwicklungsmöglichkeiten, um die eigenen finanziellen Ressourcen zu schonen.

Das Internet selbst ist eine Form von Share Economy. Schon lange ist es selbstverständlich, das Netz zu nutzen, um Software, Wissen, Dinge, Informationen oder Erfahrungen zu tauschen. Im Cloud-Computing bekommen Sie IT-Infrastrukturen, wie zum Beispiel Rechenkapazität, Datenspeicher, Netzwerkkapazitäten oder auch fertige Software über ein Netzwerk zur Verfügung gestellt.

Wo liegen die Chancen und Grenzen dieser Bewegung? Über virtuelle Sharing-Angebote sind Inhalte und Wissen allen zugänglich. Zunehmend wird nicht mehr nur konsumiert, sondern Rezipienten werden auch zu Distributoren. Früher stand in den gutbürgerlichen Haushalten der dreißigbändige Brockhaus, heute bezieht man sämtliche Basisinformationen über Wikipedia. Jeder Internetnutzer kann Wikipedia nicht nur lesen, sondern auch als Autor dabei mitwirken.

Auch Gebrauchsgüter werden nicht mehr nur gekauft und genutzt, sondern gemeinsam gekauft, gemeinsam benutzt oder verliehen. So gibt es Musikportale, wo es um die zeitlich begrenzte Nutzung von Musikstücken geht, nicht um das Besitzen. Seit Mitte der Nuller Jahre gibt es zudem Trends zum Teilen von Land, etwa das Garden Sharing als Form des Land Sharing.

Sharing ist ein Schritt hin zu nachhaltigem Konsum und eine Alternative zur Wegwerfgesellschaft.

Der Nachteil liegt im Rebound-Effekt: Mit dem Sharing werden Produkte und Dienstleistungen billiger, entsprechend steigen Nachfrage und Konsum. Wer dank höherer Effizienz Geld spart, gibt es häufig für etwas anderes aus, das ebenfalls Energie verbraucht. Auch verbrauchsarme Autos beinhalten einen Rebound-Effekt, wenn der technische Fortschritt zu intensiverer Nutzung verlockt oder bisherige Fußgänger zur Pkw-Nutzung motiviert, was beides die Ökobilanz verschlechtert.

Sharing selbst verbraucht ebenfalls Energie, indem es einen logistischen Kreislauf kreiert. So wurden via Internet bereits Warentaxis entwickelt, die Kleintransporte zu günstigen Preisen übernehmen. Die neuen Strukturen, die solche Transfers praktikabel machen, ergaben sich erst aus dem Sharing.

Die Kunst des Tauschens

Kunstsammler tauschen, um an noch begehrtere Objekte zu kommen. 1960 entdeckte der belgische Kunsthändler Frederic Rolin in einer Londoner Galerie ein kleines Bild, das eine junge Frau an einem Tasteninstrument zeigt. Eine Zeitlang war es als echter Vermeer gehandelt worden, doch nach dem Zweiten Weltkrieg hielt man den Kunstfälscher Hans van Meegeren für den Urheber des Gemäldes. Rolin allerdings zögerte nicht lange und tauschte das Bild gegen Werke von Klee, Signac und Bonnard.

Dreißig Jahre später zeigte er seine Investition den Experten von Sotheby's. Ein Jahrzehnt der materialtechnischen und stilkritischen Untersuchungen folgte. Zur Feuerprobe wurde die Vermeer-Ausstellung in New York 2001. Das kleine Bild der *Jungen Frau am Virginal* wurde gezeigt. Obwohl letzte Zweifel nie ausgeräumt wurden, bescheinigte eine internationale Jury aus Kunsthistorikern und Wissenschaftlern, dass es sich um ein eigenhändiges Gemälde von Johannes Vermeer handelt.

Für Rolins Erben erwies sich der Tauschgeschäft als höchst lukrativ: 2004 wurde das Bild für 4,5 Millionen Euro bei Sotheby's angeboten, und als der Hammer fiel, hatte der »kleine Vermeer« den dritthöchsten Preis erreicht, der jemals für einen alten Meister gezahlt wurde: 24,3 Millionen Euro. Der anonyme Käufer ist heute neben Queen Elizabeth II. die weltweit einzige Privatperson im Besitz eines »echten« Vermeers.

Wer an profaneren Dingen interessiert ist, kann kostenlose Tauschmärkte nutzen, die zum Beispiel von Gemeinden organisiert werden. Jeder ist willkommen, hier gut erhaltene Gegenstände, die nicht mehr gebraucht werden, abzuliefern, einzutauschen und/oder gratis mitzunehmen.

Es gibt auch Tauschringe, bei denen die Gegenstände wandern, d.h. es wird nicht bezahlt, sondern getauscht. Der Wert richtet sich nicht nach dem monetären Preis, sondern nach der Intensität des subjektiven Wunsches. So kann sozusagen eine Maus gegen einen Elefanten getauscht werden, ein Apfel für ein Ei. Die Tauschpartner allein entscheiden, welchem Handel sie zustimmen.

Tauschringe im Internet stellen eine Verbindung zwischen Angebot und Nachfrage her. So entsteht temporäres Eigentum oder auch Zugang zu Eigentum. Die Plattformen bieten einen Such-Algorithmus. In größeren Gruppen können Tauschringe ausgebaut werden, sodass Geber und Empfänger nicht zwingend direkt tauschen müssen. Solche Ringe werden aus drei oder mehr Personen gebildet, in denen jeder etwas gibt oder erhält.

Auch Künstler versuchen dem Markt zu entfliehen, beispielsweise durch Werke, die flüchtig sind und an Vergänglichkeit erinnern; die sich auflösen, verschimmeln oder verrotten wie bei Beuys mit Fetten, Bansky mit Graffitis oder Christoph Schlingensief mit Aktionen – Künstler, deren Arbeiten und Ideen allerdings heute hoch gehandelt werden.

Geld macht Kunst

Ist es dekadent, für ein Bild von Gerhard Richter die Summe von 26 Millionen Euro zu zahlen? Eine Schönheit aus verwischten Farben. Richter selbst sagt, dass diese Bilder nichts bedeuten und keinen tieferen Sinn haben. Trotzdem sind sie die teuersten Gemälde eines lebenden Malers.
Jeff Koons' Skulptur Balloon Dog brach den Rekord. Christie's versteigerte den Hund in Orange für 58 Millionen Dollar an einen anonymen Telefonbieter. Auch dieses Werk birgt keinen tieferen Sinn. Es ist nicht besonders schön oder originell, nicht radikal, nicht tiefsinnig oder gar kritisch-provozierend. Außerdem wurde der Balloon Dog in Koons' Werkstatt von Assistenten hergestellt. Nicht die Idee eines Originalwerks, verbunden mit der schon historischen Vorstellung von Meisterschaft, Genie und Schönheit, zählt. Was macht dieses Werk also zur kostbaren Ressource auf dem Kunstmarkt? Warum zahlt jemand so viel Geld für diese Plastik?

Der Hund ist hauptsächlich teuer. Und das ist es, was ihn so aufsehenerregend macht. Deshalb ist er so begehrt. Es gilt das erstaunliche Gesetz: Je kostspieliger ein Werk, desto begehrter wird es. Je begehrter es wird, desto kostspieliger wird es. Die Plastik signalisiert Luxus und Geld im Überfluss.

Von Kunst geht nicht nur eine große Faszination aus, viele Käufer hoffen auch auf eine Wertsteigerung in der Zukunft. Der Weltmarkt kann kurz vor dem Zusammenbruch stehen, Umweltkatastrophen können Kontinente erschüttern, aber vom Kunstmarkt werden Rekorde gemeldet – das Geschäft mit der Kunst floriert. Die Kunstwerke der Gegenwart erreichen höhere Preise als die alte Kunst. Es geht nicht mehr um die Inhalte der Kunst, sondern ihren Wert als Symbol.

Erst das Geld erhebt Koons' Plastiken über die Trivialität der Warenwelt hinaus. Dadurch erhält es seine besondere Glorie. Wer mehrere Millionen für ein Kunstwerk bezahlt, dem geht es nicht mehr um eine gute Geldanlage, sondern um ein ultimatives Statement. Gleichzeit ist es gerade der materielle Wert, der dem Kunstwerk nun doch einen übergeordneten Sinn und einen ideellen Wert verleiht.

Die Lebenszeit von Waren verlängern

Solange Dinge als Kunst und somit als wertvoll gelten, sind sie langlebig. Jahrtausendealte Artefakte haben sich auf diese Weise erhalten, während vieles verschwand, dem kultureller Wert abgesprochen wurde. So erging es vielen russischen Ikonen nach der Oktoberrevolution oder den Buddha-Statuen in Afghanistan während der Herrschaft der Taliban.

Eigentlich sollte man jeden Gebrauchsgegenstand so pflegen und teilen, als wäre er ein Kunstwerk. Auf diese Weise können Sie finanzielle und natürliche Ressourcen schonen. Denn auch die Herstellung neuer Güter wird vermindert.

Massenware fehlt ein einmaliger Charakter. Aber man kann alles gebraucht kaufen, wirklich alles: Kleider, Möbel, Bücher, Fahrräder, Autos, Ersatzteile, Computer, Medien, Uhren, Schmuck, Musikinstrumente, Elektrogeräte, Spielzeug und noch mehr – Dinge für Babys, für Kinder, für Haustiere, für Garten und Terrasse, für Schönheit und Gesundheit, Hobbyartikel und Antiquitäten oder für Kunstwerke sowieso.

Gebrauchtes können Sie über Portale im Internet, in Geschäften, auf Flohmärkten, Messen und Börsen kaufen. Auch gemeinnützige Einrichtungen wie Diakonie, Caritas, Arbeiterwohlfahrt oder Selbsthilfevereine unterhalten Secondhand-Läden. So können Sie diese Einrichtungen unterstützen und anderen Menschen helfen. Manche solcher Einrichtungen sind regelrechte Gebrauchtwaren-Kaufhäuser mit einer breiten Warenpalette. Auch öffentliche Entsorgungsbetriebe betreiben immer öfter Gebrauchtwaren-Kaufhäuser mit Gegenständen aus der Sperrmüllsammlung oder von den Wertstoffhöfen.

Designer greifen den Trend des wachsenden Umweltbewusstseins auf und werden der Forderung nach Nachhaltigkeit gerecht. Design soll ohne verschwenderische Mittel möglich sein, indem aus alten Dingen neue Möbel und Haushaltsgeräte werden.

Wegwerfen oder reparieren?

Wer hat das nicht schon gehört: »Es ist billiger, neu zu kaufen, als das Gerät reparieren zu lassen.« So ist auch das Reparieren wieder wichtig. Natürlich ist es effizienter und kostengünstiger, die Lebensdauer der Dinge zu verlängern, als sie für Rohmaterialien auszuschlachten. Außerdem, das wissen schon Kinder, die beste Art herauszufinden, wie etwas funktioniert, ist, es auseinanderzunehmen. Reparieren fördert technisches Verständnis.

Das Portal ifixit.com für Bastler und Hobbyschrauber gibt nicht nur Anleitungen und Tipps für das Reparieren von Geräten, sondern hat ein Manifest der Eigenreparatur aufgestellt: »Reparieren ist besser als Recycling. Reparieren rettet den Planeten. Reparieren spart Geld. Reparieren lehrt Technikverständnis. Reparieren ist nachhaltig. Reparieren verbindet dich mit deinen Sachen. Reparieren befähigt und ermutigt Individuen. Reparieren macht Konsumenten zu Beitragenden. Reparieren schafft Stolz auf Besitz. Reparieren verleiht Sachen eine Seele und macht sie einzigartig. Reparieren bedeutet Unabhängigkeit. Reparieren verlangt Kreativität. Reparieren ist grün. Reparieren macht Spaß. Reparieren ist nötig, um unsere Dinge zu verstehen.«

Viele, vor allem große Unternehmen und öffentliche Institutionen, veröffentlichen Nachhaltigkeitsberichte. Sie stellen die Tätigkeiten und Leistungen der Einrichtungen im Hinblick auf Ökonomie, Ökologie und Soziales dar. Für den Verbraucher bieten diese Berichte Transparenz und ermöglichen, eine Kaufentscheidung abzuwägen.

Seit 2008 verleiht die »Stiftung Deutscher Nachhaltigkeitspreis« jährlich den Deutschen Nachhaltigkeitspreis. Der Preis will Unternehmen, Städte und Gemeinden in nachhaltigem Handeln bestärken und helfen, die Grundsätze nachhaltiger Entwicklung in der öffentlichen Wahrnehmung besser zu verankern.

Dinge kennen und verstehen

Im Upcycling werden Abfallprodukte oder alte Wertstoffe in neuwertige Produkte umgewandelt. Dabei kommt es im Gegensatz zum Downcycling zu einer stofflichen Aufwertung. Die Wiederverwertung von bereits vorhandenem Material reduziert die Neuproduktion von Rohmaterialien und verringert damit Energieverbrauch, Luft- und Wasserverschmutzung sowie Treibhausgasemissionen.

Das Selbermachen fördert Kreativität, Wissen und feinmotorische Fähigkeiten. Schon in den 1960er Jahren kam die Do-it-yourself-Bewegung auf. Aus einem Misstrauen gegenüber industriell gefertigten Produkten entstand der Wunsch, vieles selbst herzustellen.

Auch heute führen die Lust an eigener Kreativität und Improvisation, aber auch finanzielle Gründe dazu, dass manche Leute vieles selbst machen. Nicht nur mithilfe von Ratgeberbüchern lernt man etwas selbst herzustellen, sondern auch im Internet gibt es unzählige Videos und Blogs zu unterschiedlichen Bereichen. Menschen zeigen gern, wie man etwas selbst herstellen kann.

Es gibt auch in vielen Städten Selbsthilfewerkstätten, in denen an Projekten gearbeitet werden kann. Zum Beispiel gibt es Werkstätten für Fahrräder, Holzarbeiten, Näharbeiten oder künstlerische Tätigkeiten.

Die Webseiten etsy oder daWanda bieten handgemachte Produkte, Vintage und Künstlerbedarf von unabhängigen privaten Anbietern. Es werden nahezu unendlich viele Artikel unter den Rubriken Mode, Accessoires, Taschen, Schmuck, Frauen, Männer, Baby, Kind, Wohnen, Material, Vintage und für besondere Anlässe angeboten, sogar selbstgemachte Kosmetik kann man bestellen. Insgesamt werden Millionen solcher Produkte hergestellt. Schöne alte Welt!

Der Kunstmarkt wird von wahren Hoflieferanten beherrscht. Sie stellen die Statussymbole her, auf die sich eine kleine Clique von Superreichen stürzt. Ob in Russland, Brasilien, Saudi-Arabien, den USA oder Singapur, alle wollen einen Koons haben. Koons bietet auch Äffchen, Hasen, Tulpen oder hochglanzpolierte Herzen an. Diese dekorativen Plastiken eignen sich großartig als Signal für Reichtum, Macht und Prestige oder Status. Sie ecken nicht an, aber demonstrieren, dass der Käufer triumphal in der Lage ist, sein Geld in sinnlose Dinge zu stecken. So kann man seinen Reichtum feiern und seine Überlegenheit beweisen.

5

FELLINI UND DIE INNERE LEERE

Über Geld

Süßes Leben?

Mitten in der Nacht, im menschenleeren, romantisch verhangen morbiden Rom irren Marcello Rubini (Marcello Mastroianni) und die blonde Schönheit Sylvia Rank (Anita Ekberg) verloren und einander völlig fremd durch verfallene Gassen. Er elegant im schwarzen Anzug, sie im schulterfreien langen Abendkleid. Sie kokettiert zuerst mit einem jungen weißen Kätzchen, dann schickt sie ihn los, Milch für das Tier zu besorgen. Als Sylvia die Fontana di Trevi erblickt und von der Schönheit des barocken Brunnens überwältigt ist, steigt sie wie magisch angezogen in den Brunnen. »Dann füllt Sylvia mit ihrem Dekolleté die Leinwand«, schreibt der Spiegel über Fellinis *La dolce vita* im Februar 1960.

Minutenlang dreht und wendet die Diva verführerisch ihre üppigen Kurven und schüttelt ihre ebenso üppige blonde Lockenpracht vor dem rauschenden Wasserfall. Marcello schaut hingerissen, aber auch etwas ratlos zu. Wie eine Göttin – wie Venus, die Schaumgeborene – würdigt sie ihn keines Blickes. Schließlich steigt auch Marcello zu ihr in die Fluten. Zusammen im Brunnen bilden sie ein traumverloren schönes Paar, das sich nie finden wird, sich dabei aber grandios inszeniert.

Marcello Rubini, Klatschreporter mit Schriftstellerambitionen und Frauenheld, ist ständig unterwegs in den mondänen Bars und Nachtclubs von Rom, stets auf der Jagd nach neuem Material für seine Zeitungsartikel. Er sucht nach den süßen Geheimnissen der Intellektuellen, Bohemiens und Aristokraten der römischen Lebewelt. Er kennt sie alle, die Bankiers und die Mannequins, die Papparazzi und die Kellner.

Da taucht die hübsche Millionärstochter Maddalena (Anouk Aimée) auf. Nach einer nächtlichen Spazierfahrt mit

Marcello in ihrem Cabriolet bietet sie, aus einer Laune heraus, einer an der Piazza del Popolo promenierenden Bordsteinschwalbe an, sie nach Hause zu fahren. Gelangweilt und launisch ist Maddalena auf der Suche nach dem nächsten Kick. Die Wohnung der Prostituierten ist eine elende Kellerhöhle am Stadtrand, in der die Pfützen knöchelhoch stehen. Zum ersten Mal lächelt Maddalena und taut auf – sie gibt ihre Coolness auf – und wird lebendig. Hier, in der Armseligkeit der schäbigen Behausung, wird ihr das Leben endlich Realität. Ihr Lächeln wird kapriziös und maliziös, unverzüglich lädt sie Marcello zum Sex ein.

Marcello sieht gut aus und er hat Klasse. Die hübschesten und elegantesten Frauen liegen ihm zu Füßen. Aber durchschaut er, wie leer, sinnlos und unbefriedigend die Vergnügungen der römischen Schickeria sind? Jedenfalls beteiligt er sich selbst an diesem Leben einer Scheinwelt, in der die Menschen vergeblich nach Liebe und Glück suchen. Seine Verlobte leidet entsetzlich unter seiner Gleichgültigkeit und wartet verzweifelt auf ihn. Fellini legt die Langeweile und Leere bis in die letzten Winkel ihrer beschämenden Widerwärtigkeiten bloß. Diese Langeweile schlägt in Empfindungen des Ekels, der Angst oder der Verzweiflung dem Leben gegenüber um. Abscheu gegen sich selbst verbindet sich mit der Entfremdung gegenüber dem Dasein.

All das ändert nichts daran, dass dieser Film ein großes Kunstwerk ist. Allein die Bildsprache!

Dieser Schwarzweißfilm ist von höchster atmosphärischer Dichte. Die sinnlichen und malerisch ausformulierten Bilder stehen im Kontrast zur inneren Kälte der Menschen. Grandiose Ansichten oder grafische Sequenzen werden abrupt unterbrochen und unvermittelt neue, detailreiche Szenen eingeblendet. Fellini gibt den ausdrucksvollen Bildern Bedeutung, indem er sie für sich allein sprechen lässt.

Denn es wird nicht viel gesprochen in *La dolce vita*. Fellini arbeitet weniger auf der psychologischen als auf der filmischen Ebene. Es ging ihm nicht um die Darstellung der »inneren Realität«, wie er es formuliert, sondern um Bilder. Der Zuschauer sieht alles, um zu verstehen. Komplexe Handlungen werden auf kurze Fragmente reduziert. Der Regisseur verdichtet Stimmungen und komprimiert Zusammenhänge. So werden Handlungs- und Raumstrukturen zerlegt.

Federico Fellini sagte einmal über sich selbst: »Im Grunde gefällt mir alles am Leben, und manchmal fühle ich mich voll von zappliger Neugier, wie wenn ich noch nicht vollständig geboren wäre. Ja, ich habe das Zutrauen in diese Reise noch nicht verloren, wenngleich sie oft hoffnungslos und dunkel erscheint.« Dieses Bekenntnis passt ganz zu diesem Film. Fellini hätte es dem Protagonisten Marcello in den Mund legen können.

Geld wird überschätzt

Geld spielt in Marcellos Welt keine Rolle. Fellini hält der glamourösen Welt der Schickeria Roms einen Spiegel vor und zeigt sie beim Feiern ihrer einsamen Orgien. Aber jeder ist sich längst seiner selbst überdrüssig geworden, niemand amüsiert sich. Die Schönen und die Reichen werden in ihren Villen von Überdruss belagert. Nirgends Leidenschaft, nur Kälte und Leere. Die Menschen finden in ihren konfus, sinnlos und orientierungslos gewordenen Leben keinen Kontakt zueinander. Von Liebe erst gar nicht zu sprechen. Da hilft auch das viele Geld nicht.

Wir werden in die schöne Welt der Waren geboren, darin von Kindheit an geschult und sollen entsprechend funktionieren, bis wir das Zeitliche segnen. Alles ist bestens aufeinander abgestimmt und demonstriert gesellschaftlichen Konsens.

Andere Lebensmodelle sind kaum sichtbar. Aussteiger werden belächelt oder man wirft ihnen Realitätsflucht vor. Verweigerer stehen immer wieder unter dem Druck, sich rechtfertigen zu müssen. Sie schwimmen gegen den Strom. Diesem Druck standhalten zu müssen wird durch das Glück, eine Insel des Friedens gefunden zu haben, kompensiert.

Im Film klagt Maddalena während der Spazierfahrt mit nonchalanter, kalter Lässigkeit, dass sie sich selbst tatsächlich »bemitleidet und hasst«.

Wer die Sinnfrage stellt, hat schon gewonnen. Denn die Fragen »Was soll das alles?«, »Ist das mein Leben?« oder »Was will ich hier eigentlich?« müssen beantwortet werden. Wer ausweicht, ist nicht ehrlich zu sich selbst oder hat die Manipulation verinnerlicht.

Aber es gibt auch andere Realitäten. Ein Universum hinter dem Sonnensystem. Man muss es nur finden oder besser, sich selbst zusammenbasteln, fernab von materiellen Glücksversprechungen.

*Es geht nicht um Geld,
sondern um finanzielle Unabhängigkeit,
und die lässt sich nur jenseits
von Statussymbolen finden.*

Traum und Realität

Im Film sehen wir diese Szene: Nadia (Nadia Gray) feiert mit ihrer Clique ihre Scheidung. Übermütig dringen alle in die Villa eines abwesenden Freundes ein. Doch Stimmung kommt keine auf. Schließlich versucht die schöne Nadia die fade Gesellschaft mit einem Striptease aufzumuntern. Desinteressiert schaut keiner richtig zu. Alle sind betrunken und das Fest wird immer abstoßender. Aus der Langeweile wird blanke Enttäuschung und streitsüchtige Widerwärtigkeit.

La dolce vita – ein schöner Film über die quälende Leere des allzu süßen Lebens.

Wohl jeder hat sich schon einmal vorgestellt, wie es wäre, Millionär zu sein, sich alles leisten zu können und bis zum Lebensende keine Geldsorgen mehr zu haben. Was würden Sie machen? Sofort kündigen und auf Weltreise gehen? … Gut! Aber danach?

Was machen Sie, wenn Ihnen das Reisen bedeutungslos wird? Was machen Sie, wenn Sie alles Mögliche gekauft haben und die Zeit langweilig wird?

Jetzt wird es wirklich spannend! Jetzt zeigt sich, wie Sie wirklich leben wollen, welche Inhalte, welche Ideen Sie realisieren möchten.

Was möchten Sie tatsächlich mit Ihrem Geld anfangen? Einen Bauernhof aufbauen und Landwirtschaft betreiben oder ein Buch schreiben? Den brasilianischen Regenwald retten? Wasserleitungen in afrikanischen Dörfern legen? Indischen Frauen helfen? – Was für ein Leben möchten Sie führen?

Im Jahr 2011 schloss Ferran Adrià, der Pionier der Molekularküche, sein Restaurant, um sich von den Strapazen, täglich die Welt neu erfinden zu müssen – wie er sagt –, zu erholen.

Seit 2014 ist das *El Bulli* eine Stiftung. Köche, Sommeliers, Gastronomen und andere Fachleute können hier neue gastronomische Produkte und Konzepte entwickeln.

Ein Lebensstil, der sich als Alternative zur konsumorientierten Überflussgesellschaft sieht, sucht andere Wege zur Erfüllung. Denn es geht nicht um Geld, es geht um Sinn im Leben und um Lebendigkeit.

Sie spüren das Leben, wenn Sie mit Ihren Kindern in den Wald gehen, und genießen lieber die freie Natur als ein »Freizeitparadies mit Erlebnisgarantie«? Schwimmen Sie nicht auch lieber im Meer als in der gechlorten Poolanlage eines Hotels?

Downshifting lässt sich individuell auf jedes persönliche Lebenskonzept anpassen. Es gibt den konsumkritischen Otto Normalverbraucher, den strengen Asketen, aber auch den Aussteiger, der sich aufs Land zurückzieht, um sein Gemüse selbst anzubauen und Selbstversorgung zu verwirklichen. Die Mischformen von Downshifting sind so vielfältig wie die Menschen, die sie leben. Man muss es nur tun: seinen Träumen entgegenleben. Dazu gehört Courage, aber auch Entschlossenheit.

Weniger Abhängigkeit von Geld

Wer weniger Geld braucht, reduziert seine materielle Abhängigkeit. Man braucht viel weniger, als man denkt. Wer vom Geld nicht so stark abhängig ist, kann initiativ auf seine Zukunft zugehen und seine Träume eher verwirklichen. Wer andere Wege geht, findet Alternativen und kann mehr Freiräume nutzen. Zeitwohlstand stellt sich ein.

Wer mehr Ruhe hat, kann seine Werte in Taten umsetzen. Mehr Lebensfreude, Erfüllung, Zufriedenheit und Angstfreiheit führen zu einer entspannten Grundhaltung, die hochgradig gesundheitsfördernd wirkt.

Man hat noch Energie für ein hohes Maß an körperlicher und geistiger Aktivität, für gesunde Ernährung und kann sich auf eine einfache und naturnahe, auf sich und die Menschen im nächsten Umfeld bezogene Lebensweise konzentrieren. Das einfache Leben basiert auf der Suche nach dem individuellen Glück, auf Entschleunigung, Achtsamkeit, Freude am intelligenten Konsum und auf dem Abwerfen von Ballast. In diesem Lebenskonzept steht nicht das Konsumieren im Vordergrund, sondern innerer Frieden, die geliebten Menschen, Geselligkeit und vor allem ein sinnerfülltes Tun.

Wer mit weniger Geld auskommt, ist unabhängiger von den Krisen der Märkte. Eine Kündigung und Arbeitslosigkeit bedeuten keinen so radikalen Bruch der Lebensumstände, wenn man intelligenten Konsum gewohnt ist und Rücklagen gebildet hat. Das erhöht die gefühlte und tatsächliche materielle Sicherheit. Ein finanzielles Polster wirkt Stress und Existenzangst entgegen. Victory!

Versicherungen und Kreditfallen

Versicherungen tragen wenig zum Wohlbefinden bei. Versicherungen bringen einen Gewöhnungseffekt mit sich. Sie beruhigen hauptsächlich, aber man freut sich wenig darüber.

Versicherungen sollen dem Käufer Sicherheit geben und

sollen ein wichtiger emotionaler Anker sein, aber nicht alle Versicherungen sind notwendig.

Sie beruhen auf dem Prinzip der Risikoabsicherung durch Einbringung des Risikos in ein Kollektiv. Gut. Aber sind auch Produktversicherungen oder Garantieverlängerungen notwendig?

Die Stiftung Warentest erklärte 2009, dass jeder deutsche Haushalt jährlich im Schnitt 400 Euro zu viel für Versicherungen zahlt. Dort können Sie sich auch individuell und unabhängig beraten lassen.

Wir werden mit widrigen Ereignissen besser fertig, als wir uns das vorstellen. Das ist psychologisch erwiesen.

Ein anderes Phänomen: Das Ärgernis, bezahlen zu müssen, wird mit der Kreditkarte in die Zukunft verschoben und damit vermeintlich weniger unangenehm. So verlieren wir aber leicht den Überblick über unseren Kontostand und verschulden uns leichter.

Wir sollten nur das kaufen, was wir auch sofort bezahlen können. Es ist ein gutes Zeichen, wenn wir auch gleich bezahlen möchten.

Wenn wir uns genau vorstellen, wie wir die Produkte im Alltag tatsächlich einsetzen, dann kommen wir zu einer realistischeren Einschätzung, ob sich ein Kauf wirklich lohnt.

Wo und wann bewegt sich Ihr Geld?

Sie müssen kaum etwas kaufen, denn Sie haben schon alles. Kritischer Konsum macht Spaß. So haben Sie nicht weniger, sondern mehr, weil Sie selbstbestimmter sind. Sie können ein sinnerfülltes Leben führen und Ihre eigenen Werte leben.

Verschaffen Sie sich einen klaren Überblick über Ihre Konten: Girokonto, Sparkonto, Riesterrente, Kreditkonten, Kreditkartenkonten, Kundenkarten, Bausparverträge, Aktien etc. Wo laufen noch andere Verträge? Welche Kosten verursachen die Konten wann? Wann kommen Zinsen? Sind die Buchungen korrekt? Wann laufen Fälligkeiten aus? Mit wie vielen verschiedenen Instituten haben Sie Verträge?

Allein der Überblick schafft Klarheit,
wo und wann Ihr Geld sich bewegt.
Die Sicherheit, alles im Griff zu haben,
ist sehr beruhigend.

Die Lebenshaltungskosten auf einem sinnvollen Niveau zu halten, erleichtert den Alltag enorm. Schauen Sie sich alles genau an, rechnen Sie durch. Wo häufen sich Verluste? Was ist sinnvoll?

Ziehen Sie Bilanz: Was ist nötig und soll bleiben? Was behindert Sie in Ihrer Lebensplanung? Sie wollen Geld anlegen oder eine Immobilie erwerben? Lassen Sie sich beraten, wenn Sie Informationen brauchen. Es gibt auch Finanzberatung bei Verbraucherzentralen. Da die Berater hier keine Produkte zu vermitteln haben, sind sie weitgehend unabhängig und neutral.

Praktisch ist es, sich Verzeichnisse anzulegen. Beleuchten Sie Ihre Finanzen. Am besten legen Sie sich Listen aller Ihrer Verträge mit den Summen der Beträge, Kündigungsfristen und Laufzeiten und den Namen der Ansprechpartner an.

Welche Versicherungen und Abonnements haben Sie? Wann ist was fällig? Tragen Sie Termine der Fälligkeiten im Voraus in den Kalender ein, um Mahngebühren und Ärger zu vermeiden. Verschaffen Sie sich einen klaren Überblick – dann können Sie entscheiden, was Sie ändern, kündigen oder sehen, was fehlt. Halten Sie alles einfach. Jedes Konto kostet Sie Zeit und jeder Vertrag bindet sie. Nicht jede Versicherung ist sinnvoll. Achten Sie auf Ihre Souveränität und Flexibilität.

Wenn Sie im Voraus planen, haben Sie alles im Griff. Intelligente Finanzplanung geht systematisch vor. Sobald Sie die Kontrolle haben, können Sie vorausschauend planen.

Unterdessen vibriert *La Dolce Vita*, dieser aus Episoden komponierte Totentanz, beständig von unerfüllter Lebensgier. Ohne Bodenhaftung fühlen die Protagonisten ein großes Nichts. Entfremdung und gähnende Leere. Fellini zeigt Menschen, die alles haben und damit die Zeit totschlagen.
Als am Morgen nach der letzten Orgie die Gäste an den Strand gehen, ziehen Fischer einen Riesenkraken an Land, der tot angeschwemmt wurde. Aus der gallertartigen Masse starrt ein tückisches Auge. In einiger Entfernung ruft und gestikuliert Paola, ein junges Mädchen mit großen unschuldigen Augen. Sie will Marcello etwas sagen, aber er ruft nur: »Ich kann dich nicht verstehen, ich kann dich nicht verstehen, das Meer!«, und zuckt mit den Schultern. Die Schlussszene zeigt das trübe, ausgelaugte Gesicht von Marcello, er hebt hilflos die Hände. Schließlich wendet er sich ab, um mit den anderen den Strand zu verlassen. Man kann sich nicht verstehen und geht auch nicht aufeinander zu.

Fellini nimmt in dieser Szene eines seiner Lieblingsmotive auf, »die Kontaktlosigkeit des modernen Menschen«. Während Paola zu Marcello herüberwinkt, nimmt ihn eine der nächtlichen Zechgenossinnen bei der Hand und führt ihn in jenes Milieu des *la dolce vita* zurück.

Plus und Minus

Haben Sie ein Ziel, das Sie systematisch verfolgen möchten? Altersvorsorge oder Rücklagen für Krisenfälle? Weniger Lohnarbeit?

Man muss sich frei machen und sich dem entziehen, was andere von einem erwarten. Entscheiden Sie über Ihr Geld mit kühlem Kopf und in aller Ruhe. Sie sind nur sich selbst und wenigen Angehörigen gegenüber Rechenschaft schuldig.

Mit einem klar definierten Budgetplan steigen die Möglichkeiten, Rücklagen zu bilden. Das erhöht die gefühlte und tatsächliche materielle Sicherheit und wirkt Stress und Existenzangst entgegen.

Zuerst analysieren Sie und stellen eine Liste Ihrer monatlichen Ausgaben für Miete, Strom, Wasser, also Ihre individuellen Bedürfnisse, zusammen. In der Kalkulation schätzen und berechnen Sie die dafür benötigten Mittel. Mit der Erfassung, Auswertung und Überwachung der Ergebnisse kontrollieren Sie genau Ihre Einnahmen und Ausgaben. So gewinnen Sie einen exakten Überblick und können andere Gewichtungen planen und realisieren.

Voraussetzung dafür, dass Menschen sich erfüllt und glücklich fühlen, sind vor allem Selbstbestimmung und Gestaltungsfreiheit. Wohlstand heißt also nicht Überfluss an materiellen Gütern, sondern ein größtmögliches Spektrum an Autonomie. Wahrer Reichtum und Luxus bestehen darin, Zeit zu haben, sich freier zu fühlen und über seine Zeit verfügen zu können.

Abhängigkeitsverhältnisse

Wem gehört Ihr Auto oder Ihr Haus? Ihnen oder der Bank plus Zinsen?

Man leiht sich Geld, das in der Zukunft erarbeitet werden muss. Damit zwingen wir uns selbst in Abhängigkeiten. Wir haben Verbindlichkeiten gegenüber der Bank und sind zu regelmäßigen Einkünften verpflichtet. Ein Teil unserer Einnahmen ist bis in die Zukunft verplant und dem Gläubiger verpflichtet. So verlangen wir der Gegenwart mehr ab, als wir in der Lage sind zu erwirtschaften, und leben über unsere Verhältnisse.

Es verschulden sich ja nicht nur Singles und Familien, sondern auch Städte und Staaten. Diesen Abhängigkeitsverhältnissen zu entkommen ist nicht einfach. Moderne Staaten verschulden sich exorbitant und belasten uns weit in die Zukunft mit Krediten. Wir tragen die Verantwortung, wenn noch unsere Kinder und Enkel die Schulden abtragen müssen.

Einen Kredit muss man sich sehr gut überlegen. Welche Risiken, Vorteile und Nachteile birgt er wirklich?

Wie weit ist man bereit, sich Geld und Besitz zu unterwerfen und Schulden abtragen zu müssen?

Unser Konsumverhalten kettet uns an ein Leben im Hamsterrad. Man kommt schwer heraus und kann sich ein anderes Leben kaum vorstellen.

Was ist Wohlstand?

Die allgemeingültige Gleichsetzung von Glück und Erfolg mit zur Schau gestelltem materiellem Besitz macht das Leben zu einer echten Strapaze. Die Übergewichtung von Geld und Konsum sowie von Prestige und Macht bezahlen wir mit Stress in allen Bereichen und all seinen Folgen. Auch Stars und Mächtige versuchen sich ständig zu überbieten. Schau, ich habe eine Insel im türkisblauen Meer gekauft, schau, ich besitze einen Pudel von Jeff Koons.

Vor Fellinis erbarmungsloser Kamera betrachtet, wie ein Kritiker schrieb, die gute Gesellschaft »gähnend ihre eigenen Kadaver«. Geld und Besitz kann die innere Leere nicht füllen. *La Dolce Vita* wird einen Tag nach seiner Uraufführung in Rom der Mailänder High Society in einer Galavorstellung in Mailand gezeigt. Aber das Publikum protestiert: »Schluss! Aus! Das ist ja widerlich! Hier wird Italien in den Schmutz gezogen!« Man ruft Fellini zu: »Schäm dich! Du treibst Italien in die Arme des Bolschewismus!« Ein Herr spuckt Fellini nach Schluss der Vorführung ins Gesicht.

Die heftigen Reaktionen, die der Film auslöste, zeugen eher davon, dass Fellini einen wunden Punkt getroffen hat: die innere Leere der äußerlich Reichen und Mondänen.

Das Leben besteht nicht nur aus Champagner und Haute Couture. Wie schön ist ein Spaziergang am See im Frühnebel. Wie schön ist ein Sonnenuntergang vom Dach eines Hochhauses mit dem Partner. Wie schön ist es, mit einer Katze zu spielen. Es sind diese kleinen Momente, die uns erfüllen.

6

CHAPLIN UND DER BROTERWERB

Über das Arbeiten

Am Fließband

Der Film beginnt. Auf der ganzen Leinwand ist eine große Uhr zu sehen. Der Sekundenzeiger dreht sich langsam, aber unweigerlich auf Punkt 6 Uhr. Die Musik klingt schrill und bedrohlich. Eine Schafherde wird eingeblendet. Alle Tiere strömen zielstrebig quer über die Bildfläche in dieselbe Richtung. Ein schwarzes Schaf ist auch dabei.

Die Sequenz wird auf eine Menschenmasse überblendet. Männer quellen die Treppe einer U-Bahn-Station herauf, alle strömen eilig zum Fabriktor. Die Entsprechung zu der Stelle mit den Schafen ist unmissverständlich – wie eine Ouvertüre gibt sie das Thema des Films *Moderne Zeiten* vor.

Charlie, der Vagabund, arbeitet auch in der Fabrik, und zwar am Fließband. Er soll Schrauben festziehen und hält in beiden Händen das entsprechende Werkzeug. Tatsächlich versucht er mit gekünsteltem Ernst sein Soll zu erfüllen. Das Tempo ist den ganzen Tag enorm. Urkomisch führt Charlie seine hektische Pantomime am Fließband vor. Alle Arbeiter müssen in rasender Gleichförmigkeit den immer gleichen Handgriff ausführen, ohne auch nur kurz Pause machen zu können. Im monotonen Rhythmus der Maschine bemüht sich Charlie, Mutter für Mutter an den unaufhörlich herantransportierten Werkstücken festzuziehen. Als er versucht, eine Fliege vor seiner Nase zu verscheuchen, gerät der Produktionsablauf ins Stocken. Die Kollegen werden sauer.

Währenddessen legt der Direktor der Fabrik auf seinem Schreibtisch in aller Ruhe ein Puzzle und liest gerade die Comicseite der Tageszeitung. Aber dann fällt ihm ein, auf seinen Überwachungsmonitor zu schauen … daraufhin schallt es durch den Lautsprecher in die Fabrik: »Halle 5 arbeitet zu langsam!« Über den Lautsprecher befiehlt der Direktor daraufhin, das Tempo zu erhöhen. Auf diese Weise ist er sogar präsent, als sich Charlie auf der Toilette gerade eine Zigarette anzündet. Wieder über einen Lautsprecher herrscht ihn der Direktor an, zur Arbeit zurückzukehren. Über seine Bildschirme kann er überall hinschauen und kontrolliert die ganze Firma.

In der Pause bewegt sich Charlie noch immer im Rhythmus des Fließbands. Noch immer zucken seine Arme reflexartig, auch wenn er jetzt gar keine Schrauben mehr anziehen muss. Satirisch führt Charlie in slapstickhaften Szenen vor, welche Deformationen monotones Arbeiten in den Menschen hinterlässt.

Charlies Pantomimen geben der harten Arbeit am Fließband komödiantischen Charakter. Sein parodierendes Gebärdenspiel wird immer wieder von melancholischer Nachdenklichkeit gebrochen. Selbstverständlich bietet Charlie dem Zuschauer auch Momente simpler Komik, wenn etwas kaputtgeht, wenn etwas Einfaches schiefläuft, wenn alles im chaotischen Desaster endet, wenn jemandem auf den Kopf gehauen wird, um ihn schachmatt zu setzen, wenn gerade alles vermasselt ist und Charlie dabei rührend unschuldig wirkt. Zur Steigerung seiner Komik trägt die kontrastierende, majestätisch-überlegene Attitüde bei, die Charlie oftmals an den Tag legt. Meisterlich zelebriert Chaplin Größenunterschiede. Er selbst ist klein und schmächtig, so stellt er gern große bullige Schauspieler neben sich, umso lächerlicher wirkt Chaplin im Film. Diese Situationskomik macht den Film zur traurigen Farce, zu einem hellsichtigen Slapstick-Drama.

Glückshormone aktivieren

Charlie passiert, was allen widerfährt, die in stressigen Arbeitsverhältnissen feststecken: Sie kommen aus der Puste – ihr Atem stockt. Unsere Atmung ist ein Spiegel unserer körperlichen und seelischen Verfassung. Sie sagt alles über uns. Mit der Beobachtung unseres Atmens nehmen wir uns selbst wahr. Wir sollten so oft wie möglich am Tag auf unseren Atem achten.

Fühlen wir uns wohl, sind wir hektisch, aufgeregt, ängstlich oder ärgerlich. Ist der Atem tief und ruhig oder flach? Heben wir dabei die Schultern? Ziehen wir den Bauch beim Einatmen ein?

Die Atmung wirkt ganz direkt auf die Psyche. Stress zeigt sich in unregelmäßigem oder beschleunigtem Rhythmus. Stress und Anspannung schnüren uns die Luft ab, Angst raubt uns den Atem. Zudem führt Stress dazu, dass sich die Muskeln im Nacken verspannen. Angespannte Muskeln verhindern, dass sich die Lunge beim Einatmen genügend Platz verschafft.

Eine ruhige und effektive Atmung ist das beste Mittel für körperliches und seelisches Wohlbefinden. Eine tiefe Bauchatmung stimuliert die inneren Organe, sie verbessert Durchblutung, Zellstoffwechsel, Immunabwehr und Verdauung.

Wer richtig atmet, wird automatisch ruhiger und bekommt jede Menge neue Energie und Kraft. Es ist fast unmöglich, in Stress zu geraten, wenn man bewusst ruhig atmet. Eine ruhige Atmung und Stress schließen sich gegenseitig aus.

Bei jedem Atemzug bekommen wir, was unseren Körper bis in die kleinste Zelle mit Energie versorgt: Sauerstoff, das Grundelement des Lebens. In den Lungenbläschen holt sich das Blut den Powerstoff und lädt gleichzeitig Kohlendioxid ab, das der Körper nicht mehr braucht. Kohlendioxid wird ausgeatmet.

Die meisten Menschen atmen nur in den oberen Bereich ihrer Lunge und atmen nicht komplett aus, sie lassen also die Hälfte der Kapazität ungenutzt. Da fühlt man sich schnell schlapp und müde. Zu viel Sitzen und unbequeme Kleidung zwängen Bauch und Zwerchfell ein. Weil wir uns zu wenig bewegen, atmen wir immer flacher.

Richtig zu atmen heißt, tief in den Bauch zu atmen und die Lungen wieder ganz zu entleeren. Bei tiefer und entspannter Atmung, hebt und senkt sich der Bauch regelmäßig, die Seiten bewegen sich mit. Schultern und Nacken bleiben locker und entkrampft. Mit richtigem und entspanntem Atmen können wir Blockaden lösen und auf einer tiefen Ebene zu uns selbst zu finden.

Gewöhnen Sie sich an, mehrmals am Tag eine Atemübung zu machen. Ihre Konzentration auf Ihre Atmung hilft Ihnen, zu sich zu kommen oder bei sich selbst zu bleiben. Um sich bewusst Ihrer Atmung zuzuwenden, müssen Sie innehalten. Innehalten schafft die Distanz zu einer stressigen Situation.

Einen noch viel stärkeren Effekt hat diese essenzielle Übung, wenn Sie sich während der Übungen das Lächeln angewöhnen.

Lächeln entspannt. Wir können lernen, innere gute Laune zu erzeugen und Spannungen zu lösen. Atmen Sie ein und aus und lächeln Sie beim Einatmen.

Vielleicht ziehen Sie erst nur etwas verkrampft die Mundwinkel hoch. Sie können das Lächeln aber auch nach innen, in Ihren Körper strömen lassen. Dieses Lächeln wird Sie tief entspannen und erzeugt ein sehr harmonisches Gefühl, fast von ganz allein. Gerade in Situationen, in denen es Ihnen nicht gutgeht – atmen Sie lächelnd. Es hilft!

Falls Ihnen das noch nicht reicht, können Sie sich auch dem Lach-Yoga widmen. Sie aktivieren körpereigene Opiate und Endorphine. Lachen befreit und macht glücklich.

Im Flow

In Charlies Fabrik wird nachmittags die Geschwindigkeit des Bandes noch einmal erhöht, das Pensum ist nicht mehr zu schaffen. Bei dem Versuch, alle Muttern schnellstmöglich festzuziehen, schlittert Charlie auf das Fließband und rutscht in die Untiefen der Maschine. Er ist in das gewaltige Räderwerk geraten. Eingequetscht zwischen den Zahnrädern wird er immer weitertransportiert. Er hängt in den Zahnkränzen fest, die wie ein Verdauungstrakt arbeiten; die Maschine hat ihn verschlungen. Währenddessen versucht Charlie tatsächlich, immer noch Schrauben festzuziehen. Überraschenderweise rollt ihn die Maschine auch wieder zurück in seine Werkhalle. Inzwischen ist er verrückt geworden. Die Musik schwingt sich in die Takte eines Walzers ein und Charlie vollführt ein absurdes Ballett. Er tanzt durch die Werkhalle und glaubt auch an den Knöpfen der Kleider von Frauen imaginäre Muttern festziehen zu müssen, fuchtelt mit den Werkzeugen in seinen Händen und rennt den erschrockenen Frauen hinterher. Charlie sieht nur die Knöpfe der flüchtenden Damen. In der Fabrik dreht er im Ballett an allen Rädern, es zischt und qualmt, die Bänder stehen still. Charlie wird daraufhin ins Irrenhaus eingeliefert.

Arbeit macht nicht zwangsläufig irre. Aber wann haben Sie das letzte Mal ungestört, konzentriert und mit innerer Begeisterung an einer Sache gearbeitet – Zeit und Raum vergessen?

Was das Arbeiten aus Muße und Neigung angeht, leben wir bis heute in »Modernen Zeiten«. Hierarchische Strukturen und Zeitdruck blockieren und verhindern oft, dass kreatives Potenzial ausgeschöpft wird.

In einer Arbeit aufzugehen, ihr die ganze Aufmerksamkeit zu widmen, ganz vertieft in die Umsetzung von eigenen Ideen zu sein, frei von der Sorge um Erfolg, Richtigkeit und Eloquenz – das ist Flow.

Dieser Zustand tritt dann ein, wenn wir auf eine Sache neugierig sind, wenn wir etwas spannend finden, wenn wir uns durch eine Aufgabe angesprochen und gefordert, aber nicht überfordert fühlen.

Künstler und Kreative arbeiten oft im Flow. Aber Freiräume braucht jeder, der Ideen entwickelt, Konzepte ausarbeitet, Hypothesen aufstellt, jeder, der Strukturen oder Abläufe verbessern will. Die Möglichkeit, Fehler zu machen, ohne abgestraft zu werden, ist die beste Voraussetzung für Flow.

Diesen Flow – die innere Erfüllung in der Arbeit – müssen wir wiederfinden.

Auch Chaplin entscheidet sich als Regisseur des Films *Moderne Zeiten* mutig für eine auf den ersten Blick unpopuläre Entscheidung: Neun Jahre nach der Einführung des Tonfilms beschließt er, doch noch einen Stummfilm zu drehen. *Moderne Zeiten* wird im Februar 1936 uraufgeführt, es ist der letzte große Stummfilm – mit raffiniertem Toneinsatz. Charlie selbst spricht nicht, denn seine Sprache ist die Pantomime. Aber während des Teetrinkens hören wir die gluckernden Geräusche seines Magens. Eine gewaltige Überraschung ist die Caféhausszene, als Charlie einen eleganten Slapstick-Tanz vollführt und dabei in einer frei erfundenen Sprache singt. Eine umwerfend grandiose Shownummer. Es ist bemerkenswert, dass alle sinnvoll gesprochenen Sätze im Film über technische Apparate vermittelt werden, sei es mittels einer Sprechanlage oder vom Band. Chaplin ist sich seiner Stärken und Schwächen bewusst.

Für wen und warum?

In den Nachwehen der Wirtschaftskrise trafen in den 1920er Jahren Massenarbeitslosigkeit und die massive Automatisierung der Industrie aufeinander. Mittendrin versucht Charlie, der muntere Anarch zu überleben.

In *Moderne Zeiten* haben die arbeitenden Menschen ihre Individualität verloren, sie sind vom Produkt abgekoppelt und erfüllen unter Zeitdruck monotone, durch Maschinen geprägte Arbeitsabläufe. Der Film zeigt Arbeitnehmer nur als Funktionseinheiten im Zusammenhang mit Maschinen. Dahinter steht der Kapitalismus des 19. Jahrhunderts. Chaplin demonstriert, was entfremdete Arbeit bedeutet. Die riesigen Maschinen, arbeitsteilig bedient, produzieren nichts – zumindest nichts Erkennbares. Als ausschließlich nach Zeit, Lohn und Arbeitskraft kalkulierte Größe haben die Arbeiter zu funktionieren.

Heute spricht man von Human Resources – »menschlichen Ressourcen«. Aber was motiviert uns? Rackern Sie sich nur ab, weil Sie Angst haben, Ihren Job zu verlieren? Oder identifizieren Sie sich wirklich mit Ihren Aufgaben und gehen gerne zur Arbeit? Stehen Sie unter Druck oder verhalten sich Ihre Kollegen konkurrierend und der Chef aggressiv? Oder können Sie ohne Spannungen Ihre Arbeit tun? Inwiefern gelingt Ihnen Selbstverwirklichung im Büro?

Sie sind zur Schule gegangen, haben eine Ausbildung abgeschlossen oder studiert und Erfahrungen gesammelt. Sie haben Arbeit, Beruf oder eine Berufung. Sie haben natürliche Fähigkeiten und sie durch Kenntnisse verbessert.

Mit unserer Arbeit möchten wir einen sinnvollen Platz in der Gesellschaft ausfüllen. Arbeit kann Glück sein, so sagte Konfuzius: »Wähle einen Beruf, den du liebst. Und du brauchst keinen Tag mehr in deinem Leben zu arbeiten.«

Arbeit gibt uns Sinn und Status. Das Gehalt ist unsere finanzielle Lebensgrundlage. Wir definieren uns über die Arbeit. Familie, Freunde und Nachbarn nehmen uns als Verkäuferin, Lehrer, Ärztin oder Busfahrer wahr. Ähnlich dem indischen Kastenwesen, ist auch bei uns die soziale Mobilität sehr eingeschränkt. Beispielsweise stammen die meisten Studenten in Deutschland noch immer aus Akademikerfamilien.

Arbeit verleiht unserem Leben Bedeutung, deshalb treibt sich der moderne Angestellte selbst zu Höchstleistungen an. Durch Dienstleistungen verbinden wir uns mit anderen Menschen. Arbeit ist also auch ein Mittel, aus der eigenen Ichbezogenheit herauszutreten.

Heute ist der Stand in den Büros: Führungskräfte ohne Führungsqualitäten, aber mit perfiden Kontrollinstrumenten, kaum Handlungsspielraum für eigene Ideen, hierarchische Strukturen, dafür gewaltiger Leistungsdruck für alle: Jeder zweite Arbeitnehmer würde aktuell gerne den Arbeitsplatz wechseln. Jeder vierte Arbeitnehmer in Deutschland hat innerlich gekündigt.

Mit der Flexibilisierung kam die Entgrenzung. Mittlerweile prägt die Arbeit unseren Tagesablauf bis weit in die Freizeit hinein, denn über das Handy und den Computer sind wir immer erreichbar. Für viele Berufsgruppen sind regelmäßige Termine in der Freizeit nicht möglich.

Bonussysteme und Zielvereinbarungen berauben uns unserer Kreativität und Lust an den Inhalten unserer Arbeit. Wir sollen Umsätze erfüllen und Deadlines einhalten. Inhalte haben sich dem zu unterwerfen. Viele fühlen sich von ihrer Arbeit und den Umständen tyrannisiert.

Arbeitsethos und Fleiß

Charlie, der muntere Anarch geht nur arbeiten, um zu essen. Die Arbeit bedeutet ihm nichts. Geld braucht er nur, um sich etwas zu essen kaufen zu können. Das Essen in jeder Form, das Verlangen nach Nahrung ist ein zentrales Motiv im Film. Nur weil Charlie Hunger hat, versucht er sich an das System anzupassen und in der Fabrik zu arbeiten. Einmal geht er vergnügt sogar so weit, sich in einem Lokal richtig satt zu essen und anschließend selbst einen Polizisten zu rufen, da er nicht bezahlen kann. Er bleibt auch gern im Gefängnis, behaglich richtet er sich in der Zelle ein, bis er zu seinem Schrecken vorzeitig entlassen wird.

Bis heute wirkt in uns die Lehre von Johannes Calvin. Im 16. Jahrhundert erhob der Theologe die Nützlichkeit menschlichen Handelns zu der wichtigsten christlichen Grundregel. Entsprechend werden Fleiß und Eifer von Gott mit wirtschaftlichem Erfolg belohnt. Zeitvergeudung sei die schlimmste Sünde, wozu auch übermäßig langer Schlaf oder Luxus zählen. Nur Disziplin, Sparsamkeit und Genügsamkeit seien gottgefällig. Indem Calvin den Zusammenhang zwischen dem Reichtum des Adels und einem Leben in demonstrativem Luxus löste, wurden die dadurch eingesparten finanziellen Mittel frei für neue Investitionen, was zu einem immensen wirtschaftlichen Aufschwung führte. Die Methoden des absolutistischen Merkantilismus gingen in die Industrialisierung der Gründerzeit über, die eine Beschleunigung sämtlicher Lebensbereiche zur Folge hatte.

Seit dem 19. Jahrhundert gilt Geldverdienen als ein Zeichen von charakterlicher Stärke und Intelligenz, Armut zeugt dagegen von Versagen, Faulheit und Dummheit. Arbeitslosigkeit wird heute genauso stigmatisiert wie damals.

Wir sind fleißig, aber wir sehen kaum Ergebnisse unserer Arbeit. Mails erreichen uns wie am Fließband. Heute gibt es eher den Erschöpfungsstolz als den Werkstolz.

Wir sind nicht mehr stolz auf ein konkretes Ergebnis, sondern wir sind stolz auf den Grad der Strapazierung. Zwar wissen wir oft nicht mehr genau, was wir den ganzen Tag am Schreibtisch gemacht haben und zu welchem Zweck, aber unsere Erschöpfung zeigt uns an, dass wir fleißig waren. Wir erkennen unseren Erfolg kaum. Er lässt sich in der tagtäglich neu anflutenden Arbeit am Computer kaum noch erkennen. Wir muten uns selbst immer mehr zu, da wir den Wert unserer Arbeit nicht mehr einschätzen können. Die Arbeit ist abstrakt geworden, befriedigt uns selten und kehrt in immer gleichen Wellen von Bilanzen und endlosen Meetings wieder.

Geld für alle

Charlie lässt sich nicht unterkriegen. Lieber lebt er frei von jedem Zwang und jeder Ordnung, frei von Besitz und Sicherheit. Geld kümmert ihn nicht. Charlie bleibt der unabhängige Individualist. Er steht außerhalb der Gesellschaft und nimmt sich so viele Freiheiten, dass er gelegentlich zur Bedrohung für die Ordnung wird. Eigensinnig steht Charlie außerhalb jeder bürgerlichen, kapitalistischen oder kommunistischen Ordnung. Er kann nicht anders. Chaplin ist nicht der Verlierer, der vor Selbstmitleid zerfließt, sondern er fängt immer wieder von vorn an, stolpert von Abenteuer zu Abenteuer. Ihm ist nicht langweilig.

Der Vagabund passt sich nicht an. Er leistet seinen kleinen individuellen Widerstand gegen ein entfremdetes Leben. Mit einer fast schon als natürlich erscheinenden Respektlosigkeit vor dem privaten Eigentum verweigert er sich. Er leistet aber auch keine frontale Kritik.

Würde sich Charlies Leben ändern, wenn er ein Grundeinkommen hätte?

Bisher gibt es noch keine konkreten Erfahrungen mit dem bedingungslosen Grundeinkommen. Die Idee: Jeder würde vom Staat eine gesetzlich festgelegte und für jeden gleiche finanzielle Zuwendung erhalten. Es muss keine Gegenleistung erbracht werden. Das Grundeinkommen ist als reine Existenzsicherung gedacht.

Finanzierbar ist das Grundeinkommen, indem es den Regelsatz des Arbeitslosengelds II ersetzen würde. Der derzeitige Spitzensteuersatz muss nicht angehoben werden. Aber notwendig wäre eine umfassende Steuerreform, bei der das Grundeinkommen alle Freibeträge ersetzt. Grundsätzlich wäre ein Grundeinkommen zwischen 800 und 1000 Euro kostenneutral finanzierbar.

Arbeitslose und Langzeitarbeitslose, die heute gezwungen sind, Jobs anzunehmen, die schlecht bezahlt sind, prekäre Bedingungen bieten und nicht ihrer Ausbildung entsprechen, hätten bessere Lebensmöglichkeiten. Sie könnten sich ehrenamtlich engagieren, was viele von ihnen heute schon tun. Menschen sind grundsätzlich an sozialer Teilhabe interessiert, die vor allem durch Arbeit geboten wird. Die Glücksforschung zeigt, dass einer unserer wichtigsten Glücksfaktoren eine Erfüllung bietende Arbeit ist.

Arbeitsplätze, die eindeutig schlechte Konditionen bieten und wenig zum subjektiven Wohlbefinden beitragen, würden nicht mehr besetzt werden. Arbeitgeber wären motivierter, diese Arbeitsplätze attraktiver zu gestalten. Zufriedene Mitarbeiter sind ein großer Gewinn für die Unternehmen, da sie engagierter und produktiver sind.

Es wird auch Menschen geben, die erst mal nichts tun werden und sich in ihrer neugewonnenen Freizeit selbst entdecken wollen, aber nach einer Rückzugsphase mittel- oder langfristig auch der Gesellschaft etwas zurückgeben möchten.

Auch wenn mit dem Grundeinkommen künstlich Kaufkraft geschaffen wird, ist aber im Wesentlichen mit dem bedingungslosen Grundeinkommen nur die Existenz gesichert, da die Summe ja nicht hoch ist. Es ist zu wenig, um eine Weiterentwicklung durch Freizeitaktivitäten wie Reisen, Musik und Kunst zu ermöglichen. Diese Wünsche werden offenbleiben, schaffen aber Motivation, Einnahmen zu gewinnen.

Menschen möchten Erfolg haben und werden deshalb nach beruflicher Anerkennung streben. Jugendliche sind in der Regel hochmotiviert und möchten sich qualifizieren und einen guten Platz in der Gesellschaft finden.

Das höhere Zeitkontingent könnte wohl durch den demografischen Wandel zu mehr familiärer und freundschaftlicher Pflegebereitschaft führen. Wahrscheinlich würde auch das soziale Engagement steigen, da über 80 Prozent der Deutschen denken, dass jemand, der staatliche Leistung in Anspruch nimmt, sich auch gesellschaftlich engagieren sollte. Außerdem sind damit Sinn und Geselligkeit, Anerkennung und Lebensfreude verbunden. Profitieren könnte auch der Gesundheits- und Vereinssektor, da die Deutschen für diese Aktivitäten mehr Zeit hätten.

Unternehmer befürchten, dass das bedingungslose Grundeinkommen dem Land und Wirtschaftsstandort Deutschland schaden könnte. Denn es kann nicht sein, dass jemand, der schwer arbeitet, nicht mehr zum Leben hat als jemand mit einem bedingungslosen Grundeinkommen.

Das bedingungslose Grundeinkommen könnte Kriminalität aus Neid, Not und Armut verhindern. Aber Diebstahl und Betrug aus anderen Gründen wird wohl bestehen bleiben. Es wird von den Parteien kontrovers diskutiert. Alles in allem bedeutet das Bürgergeld, wie es auch genannt wird, viele Vorteile.

Grundeinkommen ermöglicht Selbstverwirklichung – auch mit Tätigkeiten, die nicht als Erwerbsarbeit entlohnt werden.

Kontinuierliche Rationalisierungsprozesse begünstigen die Entwicklung, dass der Bedarf an Arbeitskräften in der Industrie strukturell weiter sinkt. Arbeitsplätze fehlen. Nicht jeder kann einen Arbeitsplatz finden.

Mit dem Bürgergeld würden die Lohnnebenkosten für Arbeitgeber sinken. Gleichzeitig wäre aber auch geringer bezahlte Arbeit möglich, da sie durch das Bürgergeld ausgeglichen wird. So könnte auch Arbeitslosigkeit gesenkt werden. Soziale, helfende Berufe werden attraktiver, der Sozialstaat wird besser finanzierbar.

Das Grundeinkommen würde die Armut in Deutschland erheblich reduzieren. Es bedeutet weniger soziale Angst, mehr soziale Sicherheit, weniger Stress und mehr individuelle Freiheit.

Kuba, Kanada, Alaska, Namibia, Indien und die Mongolei, aber vor allem Brasilien haben das Bürgergeld partiell eingeführt. Die Bilanz nach vier Jahren in Brasilien: Das Grundeinkommen wurde in die Verbesserung des eigenen Wohnraums und dann in Medizin für die Kinder investiert. An dritter Stelle standen unterschiedliche, Einkommen schaffende Maßnahmen.

Was würde Charlie mit dem Geld machen? Ja, er würde essen – und dann ein kleines Varietétheater gründen?

Ökonomie als gemeinschaftliches Engagement

Moderne Zeiten ist aber auch ein Liebesfilm. Im zweiten Teil verlässt Charlie das Irrenhaus und wird wieder zum Vagabunden mit Stöckchen und Melone. Jetzt begegnet er seinem Mädchen (Paulette Goddard).

Als die hübsche und barfüßige Gamine ein Brot stiehlt, um nicht zu verhungern, sehen sich die beiden zum ersten Mal. Geigen spielen romantische Melodien, es hat gefunkt. Charlie versucht den Verdacht der Verfolger auf sich zu lenken. Als die Polizei Gamine schließlich aber doch erwischt, bietet sich Charlie sogleich an ihrer statt als Schuldigen an. Für sie würde er sich bestrafen lassen. Von nun an sind Gamine und Charlie unzertrennlich. Die junge Frau verkörpert eine unschuldige Wildheit und unbekümmerte Lebensfreude, die das Leben mutig in die Hand nimmt und sich irgendwie durchschlägt. Sie hat ein ähnlich hohes anarchisches Potenzial wie Charlie. Zusammen träumen sie vom bürgerlichen Leben. Und Charlie verspricht ihr: »Wir werden ein Zuhause haben, selbst wenn ich dafür arbeiten muss.« Das Mädchen findet eine marode alte Holzhütte, wo sie wohnen können. Diese Hütte ist ihr kleines Paradies. Charlie schläft selbstverständlich in der Hundehütte. Als er am Morgen herauskrabbelt, hat sie schon ein Frühstück für beide gezaubert und wartet strahlend auf ihn. Da sie nun aber eine Gemeinschaft bilden wollen, übernehmen sie Verantwortung füreinander. Sie haben ein Ziel, halten zusammen und teilen sich den letzten Kanten vom Brot.

Im Film sind Charlie und Gamine »die Einzigen, die lebendig geblieben sind in einer Welt von Automaten«, wie Chaplin selbst es formulierte. »Sie lassen sich nicht von Pflichten niederdrücken. Sie bestreiten ihren Lebensunterhalt durch Betteln, Borgen und Stehlen. Zwei fröhliche Geister, die sich mehr oder weniger ehrlich durchs Leben schlagen«, schrieb der Regisseur in einer Skript-Notiz.

In der Peerconomy haben Sie auch zusammen mit anderen ein Ziel. Möchten Sie vielleicht in einer freiwilligen Kooperation zwischen Gleichberechtigten (englisch: peers) ein besonders leichtes Flugmobil herstellen? Es gibt keine Entlohnung, denn es gibt ein Bedürfnis, das erfüllt, beziehungsweise eine Idee, die realisiert werden soll.

Jeder gibt sein Knowhow und seine Ressourcen so weit wie möglich in das Projekt ein. Alle zusammen widmen sich der Verwirklichung. Wissen und Mittel werden als Gemeingüter behandelt, die man gemeinsam nutzt und gemeinsam pflegt und entwickelt. Das Produkt wird nicht zum Verkauf produziert. Jeder, der mitmacht, möchte ein Flugmobil haben. Alle arbeiten freiwillig, so kann niemand Befehle erteilen. Auch derjenige der die Entwicklung eines Projekts koordiniert, hat keine Macht über die anderen, da er auf deren freiwillige Beiträge angewiesen ist. In Peer-Projekten gibt es auch nur selten Mehrheitsentscheidungen, weil sie die unterlegene Minderheit verprellen könnten. Es wird ein akzeptabler Konsens für alle angestrebt.

In der Peerconomy ist nicht der Markt und nicht das Geld als Tauschmittel der Auslöser, sondern das Bedürfnis, die persönlichen Fähigkeiten und die Freude an der Sache. Das Vergnügen ist deshalb gewährleistet, weil das Prinzip auf Freiwilligkeit und Kooperation beruht. Die Menschen tun diese Dinge, weil sie es wollen.

Es begann im Internet mit Linux. Aber Peerconomy breitet sich inzwischen auch in die materielle Welt aus. In den letzten Jahren sind in Dutzenden von Städten in aller Welt sogenannte Fab Labs entstanden. Es handelt sich um offene Werkstätten, in denen Maschinen bereitgestellt werden. Die Finanzierung der Fab Labs ist heute noch teuer, weswegen sie meist von einer Universität oder anderen größeren Institutionen eingerichtet werden. Vorwiegend wird dort experimentell gearbeitet.

Peer-Produktion ermöglicht in verschiedener Hinsicht die

Abkoppelung vom Markt. Damit wird die Abhängigkeit von Lohnarbeit reduziert und neue Möglichkeiten für ein selbstbestimmtes Leben werden eröffnet.

Diese neue Produktionsweise beruht auf Kooperation und Teilen. Auch riesige Wissenssysteme wie Wikipedia, eine große Bewegung freier Kultur und die sogenannte Blogosphäre – ein neues, dezentralisiertes Medium für die Verbreitung und Diskussion von Nachrichten und Wissen – sind auf ihrer Grundlage entstanden.

Ist eine Gesellschaft möglich, in der Peer-Produktion die dominierende Produktionsweise ist?

Wie könnte eine Gesellschaft aussehen, in der die Bedürfnisse und nicht der Profit bestimmen, was und wie produziert wird? Hier ist Konkurrenz eher ein Spiel als ein Kampf ums Überleben. Hier gibt es keinen Unterschied zwischen Menschen mit und Menschen ohne Kapital. Eine Gesellschaft, die keine Knappheit braucht und in der es dumm wäre, Ideen und Wissen geheim zu halten, statt sie zu teilen.

Die Elemente der Peerconomy sind überzeugend: Da sich die Produktion direkt an der Nachfrage orientiert, gibt es keine Verschwendung von Ressourcen. Man kann die Arbeit und die Produktion so einrichten, wie man es braucht. Intelligenz, Kreativität und Engagement werden Lösungen vorbringen, die sinnvoll sind.

Die Erzeugnisse können genutzt werden und gehen nicht in den Besitz über. Es gibt facettenreiche, den jeweiligen Produkten angepasste Verteilungssysteme: Flatrates, zum Beispiel bei Dienstleistungen, Produktversteigerungen oder durch Beiträge dem Produktionsaufwand entsprechend. Ein Projekt beruht auf dem gemeinschaftlichen Eigentum der benötigten Güter.

In der Peerconomy gewinnen wir die Souveränität über unsere Arbeit zurück. Charlie und Gamine hätte das gefallen.

Nicht für Geld arbeiten

Sie suchen jemanden, der Ihnen bei der Gartenarbeit hilft? Sie bieten Übersetzungen?

Im Internet gibt es verschiedene Tauschbörsen. Manchmal müssen Sie einen passenden Tauschpartner finden. Manchmal sammeln Sie Punkte, mit denen Sie auch wieder eine Dienstleistung bezahlen können. Durch dieses Punktesystem soll sich das Prinzip des Nehmens und Gebens die Waage halten. Diese Punkte kann man nicht in Euros umwandeln und stellen nur eine virtuelle Währung dar.

Manche Tauschringe verstehen sich als Initiative zur Nachbarschaftshilfe und beruhen auf Gegenseitigkeit mit Zeitkontoabrechnung. Der Tausch von Dienstleistungen und Dingen zwischen Teilnehmerinnen und Teilnehmern wird mit einer Zeitwährung verrechnet. Das heißt, jede Art von Leistung wird nach ihrem Zeitaufwand verrechnet.

Es hätte Charlie und Gamine geholfen, wenn sie hätten tauschen können. Sie hätten vielleicht eine Gesangs- und Tanzeinlage gegen ein warmes Abendessen angeboten. Der Untertitel von *Moderne Zeiten* lautet bezeichnend: »Eine Geschichte der Industrie, des privaten Unternehmertums, des Kreuzzugs der Menschheit bei ihrem Streben nach Glück.« So verbindet der Film spielerisch, anmutig und leichtfüßig Komödie, Parodie mit anarchischem Widerstand. Den komödiantischen Anteil und die damit scheinbar verbundene Verharmlosung der zynischen Härten des Kapitalismus lässt

Chaplin in dem unverbrüchlichen Optimismus des Vagabunden ins Leere laufen.

Der Vagabund findet überall Nischen für sein Glück: im Gefängnis bekommt er eine warme Suppe und kann endlich mal gemütlich Zeitung lesen, in der morschen Hütte triumphiert die Liebe und auf einem sonnigen Plätzchen lässt sich auch gut plaudern.

Wie mache ich es meinem Mitarbeiter recht?

Angebot und Nachfrage beherrschen auch den Arbeitsmarkt. Durch den demografischen Wandel in Deutschland wird es zu einem Fachkräftemangel kommen. Schon jetzt fehlen Hochschulabsolventen im Bereich von Mathematik, Informatik und in den Naturwissenschaften. Es fehlen vor allem Techniker.

Zum Teil laufen Bewerbungen schon andersherum: Firmen bewerben sich bei Mitarbeitern.

Personaler forsten die Ausschreibungen von Fachkräften, die ihre Arbeitskraft anbieten, durch. Unternehmen verschicken Bewerbungsunterlagen. Schon im Motivationsschreiben erklären sie, was ihr Unternehmen attraktiv macht. Sie bieten individuelle Fortbildungen, frei wählbare Arbeitszeiten und Führungskräfte. Sie bieten an, dass man bestimmen kann, wie viel – auch teils unbezahlten – Urlaub man im Jahr haben möchte, ob 30 oder 60 oder 150 Tage. Die Mitarbeiter können sich Projekte aussuchen oder Projekte selbst implantieren.

International agierende Unternehmen halten für die Arbeit aus dem Homeoffice Dienstwohnungen auf anderen Kontinenten bereit. Wer seinen Job aus den einsamen Landschaften Kanadas oder einer asiatischen Metropole aus erledigen will, kann diese Möglichkeit nutzen.

Im Lebenslauf der Firma zeigen sich die Unternehmen als Arbeitgeber transparent. Sie stellen ihre Entwicklungsphasen und Profile dar. Sie erklären ihre Produkte und Ziele für die Zukunft. Vor allem legen sie dar, warum wir gerade bei ihnen arbeiten sollen.

Jeder schriftlichen Bewerbung sind Zeugnisse und Zertifikate beigelegt. Ein unabhängiges Institut benotet Unternehmen für Mitarbeiterfreundlichkeit, Führungsstil, Arbeitsplatzgestaltung und Zukunftsfähigkeit. Ein Ranking ermittelt soziale und fachliche Kompetenzen. Ebenso liegen die Referenzen ehemaliger Mitarbeiter bei.

Sie sind es, der im Bewerbungsgespräch fragt: »Welches sind die größten Schwächen Ihrer Firma?« Die heutige Firma muss Mitarbeiter umwerben, gewinnen und binden. Chefs müssen ihr Handwerk lernen und auf die Bedürfnisse ihrer Beschäftigten eingehen.

Wir legen immer mehr Wert auf flexible Arbeit und die ehrliche, offene Wertschätzung unserer Arbeit. Autoritäre und hierarchische Strukturen sind out. Es geht darum, die Wahl zu haben.

Es klingt für viele wie ein Schlaraffenland, ist aber schon in einigen Branchen Realität.

Tun, wovon man überzeugt ist

Die Globalisierung zwingt uns zur Konkurrenz mit Löhnen in Asien und Osteuropa. Da wir in Deutschland aber nicht weniger verdienen möchten, müssen wir schneller arbeiten und gleichzeitig höchste Qualität liefern.

Vieles, was wir produzieren, wird einfach nur Müll. Die Lebensdauer unserer Produkte reduziert sich. Früher war die Aussteuer einer Braut in der Hochzeitstruhe für eine Lebenszeit ausgelegt. Heute sind wir von der Lieferbarkeit von Ersatzteilen, Nachrüstbarkeit und Reparierbarkeit abhängig. Garantiezeit zwei Jahre. An das Vererben zu denken ist unendlich altmodisch oder gar aristokratisch, snobistisch. So ist vielen von uns klar, was ich in meiner Firma produziere, wird schnell Abfall.

Eine menschenfreundliche Arbeitswelt scheint kaum in Sicht zu sein, solange es nicht um Bedürfnisbefriedigung, sondern um Überfluss und Kapitalvermehrung geht.

In *Moderne Zeiten* triumphieren am Ende die Liebe und die Kunst. Nur die Kunst, das Varieté und das Spielerische bleiben, um zu leben und zu überleben. In Gesang und Tanz, da kann Charlie der Vagabund sein. Das kann er grandios und hat Erfolg dabei. Das Publikum jubelt ihm zu. Der Varieté-Direktor stellt ihn an. Für Chaplin vermag einzig die Kunst gegen die Entfremdung und das Elend seiner Zeit zu rebellieren.

Happy End. Charlie und Gamine sind glücklich. In der letzten Szene sehen wir die beiden auf der Straße. Gemeinsam ziehen sie dem Sonnenuntergang entgegen, während das Bild langsam ausgeblendet wird. Zum Heulen romantisch.

7

FERRAN ADRIÀ UND DAS LEBEN ALS FESTMAHL

Über gutes Essen

Kochen bei -196 °C

Es zischt, gurgelt, brodelt und eiskalte Dampfwolken steigen auf. Ferran Adrià kocht. Beim Kochen mit flüssigem Stickstoff trägt man besser Schutzbrille und Schutzhandschuhe, denn das Element siedet bei -196 °C und verursacht bei Kontakt schwere Verbrennungen. Aber das Nitro-Kiwanosorbet schmeckt himmlisch.

Ein Menü von Adrià besteht aus vielen kleinen Tellern, fast 40 Gänge, an denen man stundenlang knabbern, kosten und nippen kann. Jede Speise entfaltet ein faszinierendes Spektrum an Aromen auf der Zunge, es ist ein Feuerwerk von explodierenden Buketts verschiedener Geschmacksrichtungen auf der Zunge.

Adrià experimentiert. Er verändert die typische Konsistenz, Struktur und Textur von Lebensmitteln. Der Koch sphärisiert, verflüssigt, geliert, emulgiert und experimentiert mit extremen Temperaturunterschieden oder produziert mundgerechte Kapseln, in denen konzentrierte Nahrungsmittel enthalten sind. Die Kügelchen zerplatzen im Mund und geben den Geschmack von Schalentieren oder einem Aperitif frei. Sphärische Seeigelravioli stellt Adrià her, indem er Wasser mit Kalziumsalz mischt und darin Seeigelpüree mit einem Pulver aus Braunalgen geliert. Obst und Gemüse werden gefriergetrocknet. Der spanische Koch kreiert Schäume aus Fleisch, Käse oder Früchten und legt darunter die schönsten Blütenblätter. Wahre Träume!

Ist Kochen Kunst?

Adrià dekonstruiert Speisen, zerlegt sie in ihre Einzelteile und fügt sie verfremdend zusammen, wie man es aus der bildenden Kunst kennt. Etwas Neues entsteht. Knuspriges wird mit Cremigem kontrastiert, Heißes und Kaltes gegeneinander komponiert. Ein Essen bei Adrià ist eine Entdeckungsreise. Man erkennt die Speisen oft nicht, sondern muss sich ganz auf seine Zunge verlassen. Und kann so das Essen für sich neu entdecken. Es ist eine Schule der Wahrnehmung, ähnlich den Methoden in der modernen Kunst.

Die Molekularküche setzt bei der Zubereitung von Speisen und Getränken biochemische, physikalische und chemische Prozesse ein. Sie nutzt Wechselwirkungen zwischen diesen Verfahren und verändert die Lebensmittel. Die Molekularküche verwendet neben den üblichen Küchentechniken auch solche aus der wissenschaftlichen Lebensmittelindustrie, um Gerichte mit völlig neuartigen Eigenschaften zu erzeugen. Dabei werden oft verschiedene Aromen, Temperaturen und Texturen so kombiniert, dass sie zusammen neue Geschmackslandschaften ergeben.

Seit 2002 bescheinigt die Fachwelt Ferran Adrià, der beste Koch der Welt zu sein. In seinem Restaurant *El Bulli* an der spanischen Costa Brava hat er das Kochen revolutioniert, seine Experimente haben die Küche für immer verändert. Adriàs Art des Kochens ist so avantgardistisch, dass neue Begriffe dafür erst gefunden werden mussten.

Der Direktor der documenta 12, Roger M. Buergel, hat Adrià im Jahr 2007 eingeladen, sein Werk in Kassel zu präsentieren. Daraufhin entschied der Koch, täglich zwei Besucher der Ausstellung ins *El Bulli* einzuladen und für sie zu kochen.

Seine Begegnungen mit den Documenta-Gästen werden ihren Ausdruck im Buch *Documentando Documenta* finden.

Ist Kochen Kunst? Der Direktor der Documenta beantwortet die Frage so: »Ich habe Ferran Adrià eingeladen, weil er es geschafft hat, seine eigene Ästhetik hervorzubringen, die sich in etwas sehr Einflussreiches in der internationalen Szene verwandelt hat. Daran bin ich interessiert, und nicht, ob die Leute es nun für Kunst halten oder nicht. Es ist wichtig zu sagen, dass künstlerische Intelligenz sich nicht in einem bestimmten Medium manifestiert, dass man Kunst nicht nur mit Fotografie, Skulptur und Malerei etc. identifizieren muss, auch nicht mit dem Kochen im Allgemeinen; jedoch, unter gewissen Umständen, kann es auch Kunst sein.«

Fünf Sterne aus der Natur

Seit 2007 ist das *Noma* in Kopenhagen immer unter den ersten drei der weltbesten Restaurants der Welt. Hier kocht René Redzepi.

Der Koch geht täglich hinaus in die Natur und sucht nach kulinarischen Genüssen. Zerreibt er die jungen Nadeln einer Konifere, steigen zitronige Mandarinenaromen auf. In seiner Küche bedeckt er Blumenkohl mit diesen Nadeln, lässt den Kohl darunter garen und lässt damit die ätherischen Öle beim Garen in das Gemüse einziehen. Ungekannte Aromen des dänischen Waldes durchziehen den Kohl.

Radikal regional. Nichts wird importiert. Diese selbst auferlegte Regel ist sein Erfolgskonzept. Das bedeutet zum Beispiel kein Olivenöl, keine Tomaten, auch keine Foie gras.

Bevor Redzepi 2004 sein Restaurant in Kopenhagen eröffnete, kochte er in Kalifornien in der *French Laundry* und bei Adrià im *El Bulli*. Aber er hat seinen eigenen Stil gefunden. Redzepi ist keiner Kochschule verpflichtet, sondern er versucht die nordische Natur auf den Teller zu legen. Er interessiert sich für die Wiederentdeckung von uralten Rezepten aus Skandinavien. Vor Jahren hat er ein Buch entdeckt, ein Handbuch der schwedischen Armee, wie Soldaten in Kriegszeiten allein mit aus der Natur vorgegebenen Gaben auskommen können, um zu überleben.

Ein Apfelbäumchen pflanzen

Sie müssen keine Molekularküche betreiben oder tagelange Wald- und Wiesenwanderungen unternehmen, um Speisen mit vollen Sinnen zu genießen. Entwickeln Sie ein eigenes Verhältnis zu der Nahrung, die Sie täglich in sich aufnehmen. Pflanzen wachsen zu lassen, geht fast überall: auf dem Fensterbrett, im Garten, auf dem Dach, im Hinterhof, an der Fassade oder im Kleingarten.

Das persönliche Erlebnis vom Säen, Wachsen,
Gedeihen und Ernten ist ein Ausgleich zum
Leben in Betonburgen und auf Asphaltflächen.
Es fördert freundschaftliche Kontakte.
Und man ist direkt in der Natur.

Frische Kräuter kann fast jeder im Balkonkasten ziehen. Es ist ein Erlebnis, Pflanzen zu säen, sie wachsen und gedeihen zu sehen und zu ernten. Es ist schön, Petersilie, Basilikum und Rosmarin zu beobachten und später auf dem eigenen Teller zu haben. Der Eigenanbau von Nahrungsmitteln kann sogar einen erheblichen Teil von frischen Zutaten wie Kräutern, Obst und Gemüse für den persönlichen Verzehr liefern.

Sogar in urbanen Gebieten lassen sich Nischen ohne explizite Gartenflächen finden. Vergnügliche Initiativen wie Rooftop Farming sind im Kommen.

Gärten in Ballungsräumen bieten Lärmverringerung, Staubbindung, Durchgrünung, Auflockerung der Bebauung, Biotop- und Artenschutz, Lebensraumvernetzung und die Verbesserung des Klimas.

Mit einem Dachgarten kann man gegenüber der Flächenversiegelung ökologische Ausgleichsflächen schaffen und die Eingriffe in Natur und Landschaft ein wenig kompensieren. Die gesellig-gemeinschaftliche Dachgartengestaltung und -pflege auf Wohngebäuden kann einen Beitrag zur Steigerung der Lebens- und Wohnqualität sowie zur Stärkung der nachbarschaftlichen Gemeinschaft leisten. Ein Dachgarten als zusätzliche urbane Grünfläche bildet einen attraktiven sozialen Treffpunkt für die Bewohner des Hauses.

Der Garten ist ein Ort des Gesprächs und der Ruhe. Hier treffen sich Menschen mit gleichen Interessen.

An Fassaden können Spalierobst oder Reben ranken. Kommunale Verwaltungen könnten Anbauflächen, brach gefallene Immobilien und Werkstätten verfügbar machen.

Redzepi sucht immer neue Kompositionen von Aromen. Die Speisen im *Noma* sind mit frischen Zutaten entsprechend vitaminreich. Grau zerkochtes Fleisch mit zähflüssigen Mehlsaucen gibt es selbst in deutschen Kantinen nicht mehr. Die Gerichte des *Noma* stillen Sehnsüchte nach gesundem und fantasievollem Essen. Regionale Lebensmittel schaffen in einer globalisierten Welt eine Verbindung zu dem Ort, an dem wir leben.

*Noma*disierendes Grün

In vielen Großstädten gibt es inzwischen Projekte urbaner Landwirtschaft. So ist der Prinzessinnengarten in Berlin eine grüne Oase. Der Garten als Ganzes ist mobil. Die Pflanzen wachsen in Hochbeeten aus Stapelbehältern und in Reissäcken, weil der Boden entweder versiegelt oder kontaminiert ist. Dieser Garten kann also bewegt werden und ermöglicht eine temporäre Nutzung.

Seine Macher verfolgen das Ziel, einen Ort des Austauschs und des Lernens zu Fragen des lokalen und ökologischen Anbaus von Lebensmitteln, der biologischen Vielfalt und der zukunftsfähigen Nachbarschafts- und Stadtentwicklung zu schaffen. Brachliegende Flächen werden in blühende Gärten umgewandelt. In Zusammenarbeit mit Schulen, Kindergärten und Universitäten veranstaltet man Gartenarbeitstage und Workshops. Also legen wir auch Gärten in der Nachbarschaft an!

Wild und leidenschaftlich

Beim Spazierengehen kann man alles Mögliche sammeln, Nüsse, Pilze, Beeren, Früchte, Brennnesseln, Löwenzahn, Waldmeister, Brombeeren und Sanddorn. Vieles wächst tatsächlich wild im Wald oder in der Heide. Aus Holunderblüten lässt sich ein süßes Gelee machen, aus Bärlauch eine Paste für Nudeln, Waldmeister für eine Maibowle und Wacholderbeeren zum Würzen. Zusammen mit Kindern ist es ein Vergnügen einen Nachtisch aus im Wald selbstgepflückten Früchten zuzubereiten.

Früchte und Kräuter aus dem Wald schmecken auch viel aromatischer als aus dem Supermarkt.

Die Internetplattform mundraub.org zeigt Fundstellen für Obst- und Fruchtgewächse auf einer Karte. Sie verfolgt das Ziel, auf vergessene Bestandteile der Kulturlandschaft hinzuweisen und sie zu schützen. Mundraub.org wurde vom Rat für Nachhaltige Entwicklung der Bundesregierung ausgezeichnet.

Volkshochschulen oder Naturschutzverbände bieten botanische Exkursionen an, um die Wildkräuter kennenzulernen, und geben auch viele kulinarische Anregungen.

Genau das möchte Redzepi. Nicht nur einfach Gemüse und Kräuter der Region sollen im *Noma* zubereitet werden, vor allem alles, was wild sprießt. Ausschließlich skandinavische Lebensmittel kommen in seine Küche, Fisch und Muscheln und Fleisch des Nordens. Die Bauern der Region bauen wieder alte Gemüsesorten an und kümmern sich um ein vielfältiges Angebot. Kommt Redzepi von tagelangen Wanderungen aus den dänischen Wäldern zurück, bringt er Wildkräuter, Wurzeln und Beeren mit.

Es ist süß und klebt

Mögen Sie Bienen, essen Sie gern Honig? Honigbienen leisten einen wichtigen Beitrag zur Landwirtschaft, sogar in der Stadt. Sie helfen, unser Ökosystem stabil zu halten, und sorgen für biologische Vielfalt. Etwa ein Drittel unserer Lebensmittel ist von der Bestäubung durch Insekten abhängig. Weizen, Reis und Mais werden zwar vor allem mithilfe des Windes befruchtet. Aber fast 90 Prozent der Blütenpflanzen weltweit sind von der Bestäubung durch Tiere abhängig. Die natürliche Bestäubung durch Bienen und andere Bestäuber sind unersetzbar. Ohne sie könnten sich viele Wildgewächse kaum fortpflanzen, was wiederum für verschiedene Tiere den Verlust von Nahrung und Wohnstätte bedeuten würde.

Honigbienen lassen sich auf Dächern und Terrassen, sogar auf Balkonen halten. Bienen fühlen sich in der Stadt sehr wohl. Die Koexistenz zwischen Mensch und Biene ist unproblematisch. Das Imkern kann man in Kursen lernen. Überall in Deutschland werden Kurse auch für Freizeitimker angeboten.

Die Qualität von Honig aus der Stadt ist mit der Qualität von Landhonig gleichzusetzen. Bienen sammeln ihren Nektar immer aus frisch aufgeblühten Blüten, sodass der Nektar kaum Zeit hatte, Luftschadstoffe aufzunehmen.

Sollten noch Schadstoffreste im Nektar enthalten sein, dann werden diese fettlöslichen Stoffe im Bienenkörper und durch das Wachs der Honigwaben dem Honig entzogen. Pestizide gibt es in der Stadt nicht, weil es keine großflächige Ausbringung von Pestiziden auf die Nektarpflanzen der Bienen gibt. Zudem profitieren Bienen in Großstädten von längeren Wärme- und durchgängigen Blütezeiten. Pollenanalysen von Stadthonig zeigen mehr als 500 unterschiedliche Pollen in einem Glas Honig. Sie machen ihn ausgesprochen wertvoll, köstlich und gesund.

Was kommt auf den Teller?

Studien des Bundesministeriums für Ernährung, Verbraucherschutz und Landwirtschaft ergeben seit einigen Jahren, dass jährlich etwa elf Millionen Tonnen Lebensmittel auf deutschen Müllhalden landen. Vieles davon wäre noch essbar. Aber Obst und Gemüse werden schon aussortiert, bevor sie auf den Markt kommen, wenn sie nicht makellos aussehen. Sie müssen einer standardisierten Norm entsprechen, deshalb landet vieles im Müll oder wird zu Biomasse. Ein kurz überschrittenes Mindesthaltbarkeitsdatum entscheidet auch darüber, ob das Lebensmittel weggeworfen wird. Rund 60 Prozent der Lebensmittel werden in Privathaushalten weggeworfen, jeweils rund 17 Prozent entfallen auf Großverbraucher wie etwa Gaststätten, Schulen und Kantinen sowie auf die Industrie. Die übrigen fünf Prozent fallen im Einzelhandel an. In Familien und als Singles vernichten wir jährlich den größten Teil der noch genießbaren Speisen im Wert von über 20 Milliarden Euro. Pro Kopf der Bevölkerung entspricht das einer Summe von 235 Euro pro Jahr.

Als vermeidbare Abfälle gelten Lebensmittel, die uneingeschränkt genießbar wären. Das Mindesthaltbarkeitsdatum ist kein Verfallsdatum, sondern eine Herstellergarantie für die Produktqualität. Bis zu dem angegebenen Datum garantiert der Hersteller, dass die ursprünglichen Produkteigenschaften bei richtiger Aufbewahrung erhalten bleiben. Es geht also nicht um Schimmel oder Fäulnis, sondern um Knackigkeit oder Cremigkeit. Nach Ablauf des Datums kann das Lebensmittel also noch bedenkenlos verzehrt werden. Das Mindesthaltbarkeitsdatum wird vom jeweiligen Hersteller festgelegt, weshalb die Fristen stark variieren.

Oft haben kleine Flecken an Obst und Gemüse keine gesundheitliche Relevanz. Im Gegenteil, optische Makellosigkeit weist eher darauf hin, dass gespritzt wurde.

Um diese Lebensmittel nicht wegwerfen zu müssen, könnte man sie als zweite Wahl verkaufen oder als Sonderangebot anbieten.

Die »Tafeln« bemühen sich um einen Ausgleich: Sie sammeln »überschüssige«, aber qualitativ einwandfreie Lebensmittel und geben diese an Bedürftige weiter. Für Charlie und Gamine wäre das auch eine gute Möglichkeit gewesen, an Lebensmittel heranzukommen.

Und was kommt ins Glas?

Mineralwasser steht in Deutschland als Durstlöscher auf Platz Nummer eins. Wir können aus mehr als 500 Mineral- sowie 40 Heilwässern wählen. Durchschnittlich trinkt jeder 130 Liter im Jahr. Weiter nicht verwunderlich: Es ist gesund und hat keine Kalorien. Doch das gilt für Leitungswasser auch.

Mineralwasser belastet die Umwelt durch Verpackung und Transporte.

Mehrwegverpackungen sind nur dann umweltfreundlicher, wenn sie nicht über lange Distanzen transportiert werden müssen. Bei den Transporten ist neben der Entfernung auch das Transportmittel Lkw, Bahn oder Schiff wichtig für die Bilanz. Aber wir Käufer müssen die Flaschen auch noch in unsere Küche transportieren, die leeren Flaschen sammeln und zur Pfandstelle bringen.

Die PET-Flaschen machen einen großen Teil der Haushaltsabfälle aus. In Europa wird nur etwa die Hälfte der PET-Flaschen eingesammelt. Nicht komprimierte Kunststoffflaschen im Hausmüll erhöhen das Volumen des Mülls stark, wodurch Deponien (in Ländern, wo Restmüll noch deponiert wird) schneller gefüllt werden. Die Flaschen schwimmen als Treibgut und Plastikmüll in den Ozeanen oder verunstalten als Müll-Strandgut die Küsten und Strände. Eine PET-Flasche braucht 400 bis 500 Jahre, um auf natürliche Weise abgebaut zu werden.

Im Unterschied zum Leitungswasser enthält Mineralwasser große Mengen von gelösten Mineralien wie Kalzium, Magnesium, Natrium und Eisen. Doch dieser vielgepriesene Vorteil ist für uns weniger relevant als gemeinhin angenommen, denn diese Mineralien sind schon in großen Mengen in anderen Lebensmitteln enthalten. Sie können in größeren Konzentrationen vom Körper gar nicht aufgenommen werden. Es ist daher nicht nötig, die Mineralienzufuhr zu erhöhen.

Unser sogenanntes »Rohwasser« besteht etwa zu zwei Dritteln aus Grundwasser und zu einem Drittel aus Oberflächenwasser, das Flüssen und Seen und zu neun Prozent aus Quellwasser entnommen wird. Bevor es ins Versorgungsnetz einfließt, wird es durch verschiedene Verfahren zu Trinkwasser aufbereitet: Partikel, organische Verschmutzungen und Schadstoffe werden entfernt, Pestizide und Chlorkohlenwasserstoffe herausgefiltert.

München zum Beispiel bezieht sein Trinkwasser aus dem Mangfall- und dem Loisachtal in den Voralpen. Das Wasser ist bekannt für seine ausgezeichnete Qualität und kann ohne weitere Aufbereitung direkt in die Haushalte geleitet werden. Für Mineralwasser wird viel Werbung gemacht, es hat dadurch ein besseres Image.

Übrigens: Auch bei Leitungswasser muss man nicht auf das Sprudeln verzichten. Mithilfe von Soda-Geräten kann man das Wasser ganz nach Belieben mit Kohlensäure versetzen.

Slow Food statt Fast Food

Wir essen zu viel, zu süß, zu fett und zu salzig. Aber das wussten wir irgendwie schon immer. Rund 64 Prozent aller Todesfälle in Deutschland gehen direkt oder indirekt auf falsche Ernährung zurück. Herz-Kreislauf-Erkrankungen und Karies gehen zulasten des falschen Essens. Die Hälfte der Deutschen ist zu dick – je älter, desto mehr. Der Mangel an Vitamin D, E und Folsäure führt zu Muskelschwäche, Osteoporose, Nerven- und Zellschäden, Schlaflosigkeit und Blutbildungsstörung.

Dass wir zuviel essen und zu dick sind,
hat fast immer psychologische Gründe.

Notwendig ist ein Gleichgewicht von Energiezufuhr und Energieverbrauch. Entweder wir nehmen weniger energiereiche Nahrung, vor allem weniger Kohlenhydrate und Fett zu uns, oder wir bewegen uns mehr.

Oft wissen wir gar nicht, was auf unserem Teller liegt. Im Verein »Slow Food« setzen sich Bauern, handwerkliche Produzenten von Lebensmitteln und Konsumenten gemeinsam dafür ein, dass Lebensmittel transparent, sauber und fair produziert und gehandelt werden. So wollen sie die Vielfalt des Geschmacks auf vielfältige Weise erhalten.

Slow Food spricht sich im Sinne der Nachhaltigkeit für eine möglichst naturnahe und ökologische Lebensmittelerzeugung aus. Es geht um genussvolles, bewusstes und regionales Essen, als Reaktion zum uniformen, globalisierten und qualitativ schlechten Fastfood. Heimische pflanzliche und tierische Produkte sollen in einer Kultur des guten Essens und Trinkens gepflegt und lebendig gehalten werden.

Gute Lebensmittel sollen hergestellt und die regionale Geschmacksvielfalt bewahrt werden. Damit einher geht die Förderung verantwortlicher Landwirtschaft und Fischerei sowie artgerechte Viehzucht und das traditionelle Lebensmittelhandwerk.

Das Kopenhagener *Noma* geht mit gutem Beispiel voran: Der Kellner bringt einen einfachen Keramikteller. Der ist mit Moos und Steinen ausgelegt, darauf thronen ein marinierter Steinpilz und kleine ausgebackene Mooswolken. Redzepi inszeniert seine Gerichte wie ein Stück Wiese, Wald oder Strand, ein Vogelnest oder einen Blumentopf. Eine dunkelbraune, krümelige Malznussmischung wird essbare Erde. Ein Teller im Restaurant von René Redzepi sieht wie ein holländisches Stillleben des 17. Jahrhunderts aus. In einer Vase werden frische Wacholderzweige und feine braune Äste aus krossem Teig serviert. Beides soll in eine leichte Mayonnaise gedippt werden. Zum Wein reicht der Kellner ein Wasser, das aus saftigen Birkenstämmen im Frühling gewonnen wurde. Es gibt ein hauchdünnes Karree aus geliertem Sanddornsaft mit eingelegten Rosenblättern. Die Speisen verströmen den Duft von Heu, frisch gemähtem Gras, Wiesenblumen, Wurzeln, Holz und allem, was sich im Wald oder am Meer finden lässt und essbar ist. Schärfe wird mit fruchtiger Süße arrangiert, Mildes und Herbes ergänzt Knuspriges und Knackiges. Redzepi kombiniert Seetang und Moos zu Moschusochsen aus Grönland und Rentier. Vieles kommt roh auf den Teller.

Himbeerrot und Spinatgrün

Essen ist ein Vergnügen. Etwas Gutes zu kochen. Den Tisch zu decken. Die Speisen schön zu präsentieren. Ohne Plastikverpackungen.

Nehmen Sie sich Zeit für das Essen, zusammen mit der Familie, dem Partner oder Freunden. Es muss keine zeitraubende Zeremonie sein, aber ein kleines Ritual. Gutes Porzellan, hübsche Gläser, ein paar Blumen auf dem Tisch oder eine Kerze. Gute Gespräche. Der Fernseher bleibt ausgeschaltet, keine Telefonate.

Laden Sie oft Freunde zu sich nach Hause ein. Kochen Sie etwas Gutes. Es muss nichts Aufwendiges sein. Brot, Gemüse, Salat, Olivenöl, Käse, Früchte und ein anständiger Tafelwein, das reicht schon. Hauptsache, Sie sorgen für eine schöne Atmosphäre und eine gute Stimmung.

Doch in einem Punkt sind sich der katalanische Koch Ferran Adrià und der dänische Koch René Redzepi einig. Beide wünschen sich fröhliche Gäste, die sich beim Essen gut unterhalten. Adrià möchte, dass seine Gäste glücklich sind. An einem Abend bei ihm im Restaurant soll ein Gast nicht einfach nur über das Essen sprechen, er sagt: »Wenn du ins ›Bulli‹ kommst, dann kannst du nicht anders, du musst auch über das Leben nachdenken.« Seine Vision ist ein Restaurant mit nur einem Tisch, an dem gemeinsam übers Essen und das Leben philosophiert wird. Mitten in der Mahlzeit ein Spaziergang am Meer. Magische Momente.

Auch Redzepi bedient seine Gäste gerne. Wenn er dabei

beobachtet, dass die Leute heiter sind, dass sie über Stunden miteinander reden, erscheint ihm seine Arbeit sinnvoll: »Wahrscheinlich ist das der Kern von allem – zu geben.«

8

STRAWINSKY UND DIE KUNST DES FLIEGENS

Über Mobilität

Skandal!

Die Premiere im Mai 1913 war ein Schock: Nach innen gedrehte Füße, abgeknickte Köpfe, die Bewegungen eckig und abrupt, chorisch stampfend und zitternd, die Überlagerung mehrerer Tonarten und Rhythmen und am Ende der Erschöpfungstod, das inszenierte Opfer für den heidnischen Sonnengott. Die Choreografie – maßlos, gewaltig, bestürzend.

Strawinsky hatte *Le Sacre du Printemps* für die *Ballets Russes* von Sergei Djagilew komponiert und der schöne Vaslav Nijinsky hatte das Stück nicht nur choreografiert, sondern in Paris zur Premiere auch getanzt.

Obwohl Nijinsky mit höchster Virtuosität und Grazie scheinbar schwerelos tanzte – Nijinsky wurde dafür bewundert, dass er einen Sprung scheinbar in der Luft halten und dann sanft landen konnte – buhte, pfiff und trampelte das Publikum. Als das Ballett *Le sacre du Printemps* 1913 von Igor Strawinsky in Paris uraufgeführt wurde, endete die Vorstellung mit einem wilden Tumult im Publikum.

Nijinsky hatte dazu eine Choreografie mit stampfenden Bewegungen erstellt. Das Mädchen, das dem Frühlingsgott zur Versöhnung geopfert wird, tanzt sich in einem frenetischen Tanz, erschütternd und existenziell, zu Tode. Musik von ostinatem Charakter, die streckenweise nur noch um sich selbst zu kreisen scheint. Die Dominanz der Musik gegenüber dem Tanz war neu. Das Publikum wehrte sich gegen die Vehemenz der schneidend scharfen, der wilden Partien und die freie Form des Tanzes. Nijinsky nutzte neue abstrakte Ausdrucksmöglichkeiten und erforschende Bewegungsmuster. Man war Lieblicheres gewöhnt. Das waren nicht die hinreißend schwebenden und sich maliziös verwirbelnden Spitzentänze zartgliedriger junger Damen im Tutu, wie im Ballett Schwanensee.

Wir sind ständig unterwegs

Die verheerenden Brüche der Zeit sind in Strawinskys Musik spürbar. Am Vorabend des Ersten Weltkriegs aufgeführt, nimmt das *Sacre du Printemps* auf erschreckende Weise die Kriegstoten der folgenden Jahre vorweg: ein Tanz auf den Gräbern Geopferter.

Während das revolutionäre Werk die Pariser Szene aufrührte, fand in Europa eine ganz andere Revolution statt: Nicht nur auf der Bühne, auch im täglichen Leben begannen die Menschen sich viel schneller zu bewegen. Runter vom Pferd, raus aus der Kutsche, rein in die Eisenbahn und an das Steuer eines Automobils.

War das Reisen bis ins 19. Jahrhundert noch eine kollektive Angelegenheit, so wird es mit dem Siegeszug des Automobils individualisiert. Die Mobilität nimmt exponenziell zu. Fast jeder zwischen 18 und 80 hat heute ein Auto. Wir fahren täglich mit dem Auto. Wir müssen zur Arbeit, zur Schule, zum Supermarkt oder machen einen Wochenendausflug. Meistens mit dem eigenen Auto.

Längst sind alle Nachteile, mit denen das Autofahren verbunden ist, bekannt: Ausstoß von Kohlendioxid und giftigen Abgasen, hohes Verkehrsaufkommen und Staus, Unfallgefahr, der ressourcenintensive Bau von Autos, Lärmbelästigung, weniger Flächen für Grünanlagen und schließlich die Einschränkung in der nicht-motorisierten Bewegungsfreiheit. Alle diese Probleme werden aber trotzdem billigend in Kauf genommen.

Erst das Ansteigen der Benzinpreise regt zum Umdenken an. Auch Staus bedeuten nicht nur Zeitverlust, sondern sind nervtötend.

Dennoch, das Auto ist ein Prestigeobjekt. Je größer und teurer das Auto, desto wirksamer die eingebaute Vorfahrt. Welcher Chef möchte darauf verzichten, morgens mit der schwarz glänzenden Limousine auf dem eigens für ihn reservierten Parkplatz neben dem Haupteingang zu parken?

Die Dauer der Wege

Jeder, der einen Weg zurücklegen muss, überlegt: Wie lange dauert die Fahrt? Von Köln aus kommt man mit dem Flugzeug schneller nach Venedig als freitagnachmittags nach Düsseldorf. Je schneller die Fortbewegung möglich ist, desto länger werden die zurückgelegten Wege: Ob ein Weg zurückgelegt wird, entscheidet hauptsächlich die Dauer, nicht die Entfernung.

> *Aus Geschwindigkeitssteigerungen resultiert kein Zeitgewinn, sondern nur eine Raumausdehnung.*

Die Ursache für die Entwicklung des hohen Verkehrsaufkommens und einer daran angepassten Infrastruktur liegt bei der Verkehrspolitik und der Verkehrsplanung. Der Ausbau des Straßensystems bewirkt eine Zunahme des Verkehrs. Umgekehrt passen sich Verkehrsteilnehmer an die begrenzte Kapazität des Straßennetzes an, sie nutzen ihn aus. Die Folgen der zunehmenden Transportwege im Personenverkehr sind Zentralisierung, Zersiedelung, ein flächenhafter Zerfall alter Dorfstrukturen und -kulturen sowie der Verlust von Nahversorgung und Arbeitsplätzen im ländlichen Raum.

Keine Kostenwahrheit

Bei der allgemein üblichen Berechnung der Kosten für den Pkw und Lkw-Verkehr werden die externen Kosten nicht berechnet, es fehlt Kostenwahrheit. Die Lobby der Automobilbranche ist eine der stärksten in Deutschland. Schon 1993 errechnete Winfried Wolf, dass 80 Prozent des Güterfernverkehrs als unnötig einzuschätzen sind. Zudem verlagern Betriebe Waren auf die Straße und sparen an Lagerflächen. Wenn die externen Kosten nach dem Verursacherprinzip ebenfalls über die Mineralölsteuer gedeckt würden, so müsste ein Liter Kraftstoff heute mehr als 4 Euro kosten. Wie aber lässt sich die Explosion der im Auftrag des BP-Konzerns im Golf von Mexiko betriebenen Ölbohrplattform am 20. April 2010 berechnen? Was ist eine Seeschildkröte wert?

In den Zeiten von Strawinsky und Nijinsky waren alle vom Auto begeistert. Die Probleme, die das Auto 100 Jahre später auf sich versammelt haben könnte, stellte man sich noch gar nicht vor. Ebenso wenig konnte man sich ausdenken, dass sich der Tanz von aller Prüderie und Konvention lösen könnte. Bewegungen, die sich im Körper Bahn brechen müssen, suchen sich eine bestimmte Form, die dann wiederum kulturell lesbar wird, weil sie uns unweigerlich an bereits bekannte Körperbilder erinnert.

Sanfte Mobilität

Da wir nicht so fliegen können wie Nijinsky, müssen wir Alternativen suchen.

Langsamverkehr steht für ein politisches Konzept. Es will nachhaltige, umweltschonende, sozial verträgliche und unfallarme Fortbewegungsarten fördern.

Langsamverkehr ist die Fortbewegung, die wir mit eigener Muskelkraft bewerkstelligen können. Zu Fuß gehen, Radfahren, Skaten, Rollern.

Der Körper hat seine eigene Mobilität. Die Menschen tanzen wohl schon seit ihren Anfängen den Regentanz und den Sonnentanz für Fruchtbarkeit oder aus kultischen Gründen während großer Opferrituale für die Götter.

Wir können zu Fuß gehen oder mit Rollen, Reifen, Gleitern unsere Muskelkraft potenzieren und schneller werden, weniger Kraft aufwenden.

Die Strategien für den Langsamverkehr sind umfassend und müssen tief greifen. Das Umsteigen auf das Fahrrad muss von der Politik und der Wirtschaft unterstützt werden. Die Radfahrer brauchen Unterstützung von allen Seiten. Der Appell an den Einzelnen würde nicht gerecht sein, denn die Akzeptanz muss von der Gesellschaft gefördert werden.

Den Verkehr beruhigen

Eine auf das Fahrrad und öffentliche Verkehrsmittel umorientierte Politik muss in die Bereiche Verkehr, Siedlung, Raum-

und Städteplanung eingreifen, um die Lebensqualität zu verbessern. Notwendig ist vor allem eine Strategie der kurzen Wege, die insbesondere der Zersiedelung des Umlandes entgegenwirkt. Verkehrspolitik muss in Infrastruktur eingreifen und diese so steuern, dass unnötiger Verkehr vermieden wird. Ein hoher Anteil des Verkehrs muss in sanfte Mobilitätsformen überführt werden. Notwendig ist die fußläufig zu erreichende Grund- und Nahversorgung. Die bisher für den Pkw- und Lkw-Verkehr zur Verfügung gestellten Summen müssen zu großen Teilen in Maßnahmen und Investitionen der sanften Mobilität umgelenkt werden und diese attraktiver machen.

Die Verteilung der Flächen im öffentlichen Raum muss zugunsten der sanften Mobilität verschoben werden. Dazu gehört es, Straßen für Fußgänger und Fahrräder auszulegen und nicht primär für Autos. Langsamverkehr braucht breite Gehsteige, autofreie Straßen, Straßenrückbau, begrünte Plätze, Parks, Radwege, öffentliche Fahrräder, Tiefgaragen für Fahrräder, Busspuren und Straßenbahntrassen. Tickets für Räder in Bahn und Bus (hinten aufbinden) sind in diesem Umstrukturierungsprogramm nur ein kleiner Teil, der es den Radfahrern bequemer machen könnte.

Die Last des eigenen Autos

Steigende Kraftstoffpreise? Enormer Wertverlust eines Autos? All das braucht Sie nicht mehr zu interessieren, wenn Sie auf Carsharing umsteigen.

Kosten für Anschaffung, Steuern, Versicherung, Wartung und Reparaturen, die auch anfallen, wenn Ihr Auto in der Garage steht, können Sie sich sparen. Heute der wendige Mini für die Stadt und morgen der Kombi für Einkauf oder Familienurlaub. Im Carsharing können Sie sich jedes Mal den passenden Wagen aussuchen.

Carsharing funktioniert auch für Kurzentschlossene. Spontane Buchungen oder lang geplante Fahrten sind möglich. Buchen Sie online oder telefonisch. Durch die Flotte der Carsharing-Anbieter werden über 50 Kilometer Stellplatzlänge frei, wertvoller Lebensraum in unseren überfüllten Städten. Und Autos, die nicht gebaut werden, benötigen weder Rohstoffe noch Energie. Und Fahrzeuge, die nicht hergestellt werden, brauchen nicht verschrottet zu werden. Zudem sind die Leihfahrzeuge auf dem neuesten Stand der Technik. Sie verbrauchen weniger Kraftstoff und stoßen geringere Mengen an Schadstoffen aus. Im Schnitt 24 Prozent weniger als die normalen privaten Autos.

Im Carsharing wollen wir Energie und Ressourcen schonen und Reibungsverluste vermindern, ebenso wie im Tanz. Im Tanz gehorcht der Körper der Musik, gibt sich ihr hin. Der sinnliche und empfindsame Leib kämpft gegen seine eigene Schwerkraft und die Widerstände im Körper. Im Tanz erfahren wir unseren Körper, spüren ihn und sind ganz lebendig. Auf der Bühne wird die Beweglichkeit und Schönheit des Körpers in Szene gesetzt. Bei den klassischen Pirouetten berührt der Fuß nur einen winzigen Punkt der Bodens. Der Spitzentanz will die Anziehungskräfte der Erde und das Gewicht des Tänzers überwinden.

Ähnlich ist es bei magnetisch schwebenden Bahnen. Magnetfelder werden genutzt, um Fahrzeuge in einen Schwebezustand zu bringen und damit eine berührungsfreie und somit reibungsfreie Bewegung an den Schienen zu ermöglichen. Ein intelligentes Konzept, dass sich noch nicht durchsetzen konnte und in der Praxis verbessert werden muss. Ebenso ist der Spitzentanz kaum lange durchzuhalten.

Gemeinsam fahren

Strawinskys Musik wirkt bis heute wild und verstörend. Auch Pina Bausch machte eine Choreografie für das *Sacre du Printemps* (1975). Bausch setzt die Musik in flimmernde, nervös schwirrende, vibrierende Bewegungen um, Bilderfolgen an der Grenze zwischen Realität und Traum. Bausch geht von innen aus, dem Gefühl. Oft wird die immer gleiche Szene von den Tänzern wiederholt, dem Zuschauer bot sich das Schauspiel, die Abweichungen und die Nuancen wahrzunehmen. So, wie wir eine Strecke, die wir jeden Tag entlangkommen, immer wieder neu wahrnehmen. Unsere Mobilität ist oft wie ein surreales Ballett. Wir stehen im Stau, wir rasen auf der Überholspur oder suchen verzweifelt einen Parkplatz. Der Motor qualmt mitten auf der Autobahn, wir holen den Abschleppdienst. Der Zug verspätet sich, wir kommen zu spät. Im *Sacre du Printemps* hatte Strawinsky Dur- und Mollakkorde übereinandergeschichtet, exzessiv wiederholt und dissonante Harmonien übereinandergelagert. Bausch sendet intensive Stimmungen von der Bühne. Ihre Choreografie ist radikal und poetisch zugleich. Strawinsky lässt gleichzeitig gegenläufige Rhythmen wüten, so archaisch und so modern wie kein anderes Ballett zuvor. Diese Musik entfesselt eine Dynamik von sprengender Wucht.

Das hundertjährige Jubiläum der Erstaufführung des *Sacre du Printemps* wurde im Mai 2013 wieder in Paris gefeiert. Die legendäre Erstfassung Nijinskys wurde detailgetreu rekonstruiert und vom Ballett und Orchester des Sankt Petersburger Mariinski-Theaters unter der musikalischen Leitung von Valery Gergiev aufgeführt. Im Programm folgte darauf eine neue Choreografie des *Sacre du Printemps* von Sasha Waltz. Sie choreografierte die tastende Suche einer Gemeinschaft nach ihrem Opfer, einen kollektiven Taumel, der in seinen räumlichen Anordnungen zufällig erscheint und sich doch nach naturgegebenen Gesetzen vollzieht. Jeder kann vom Jäger zum Gejagten werden. Ihre Choreografie denkt nicht von einer Pose zur nächsten, sondern in Abläufen der Glieder und des Atems. Bewegungen schwingen im Körper zu Ende und ergeben kein vollendet gehaltenes Bild. Der Tanz bleibt in der Schwebe. Der Tänzer folgt seinen Bewegungsabläufen – eine Reminiszenz an das Fliegen, das Sasha Waltz einmal als ihr Initialgefühl beim Tanzen beschrieb. Vollkommen in der Choreografie übereinstimmend, entwickelt sich seine Gruppe von Tänzern gemeinsam, atmend, fließend im Unisono, von großer Präsenz und Individualität.

Die meisten Autofahrer fahren allein. Diese Bewegungsform ist symptomatisch für die Vereinzelung des modernen Individuums, wie sie Edward Hopper, Samuel Beckett und andere Künstler des 20. Jahrhunderts thematisiert haben. Doch diese Epoche ist vorbei. Und auch das Autofahren lässt sich ändern.

Besonders für längere Strecken lohnt es sich, einen Mitfahrer zu haben. Wenn Sie die Fahrt in einer Onlinezentrale anmelden, dann kann sich jemand bei Ihnen melden, der mitfahren möchte. Die Kosten werden gerecht geteilt.

Fahrgemeinschaften können komfortabel und einfach organisiert werden. Damit werden nicht nur Kosten gespart, sondern die Straßen werden entlastet und Emissionen verringert. Millionen Nutzer sind registriert. Ständig stehen Fahrtangebote zum Abruf bereit.

Die Nutzer können über das Internet und Social-Media-Anwendungen sowie neuerdings auch über Smartphone-Apps für iPhone und Android auf Verbindungen zugreifen. Durch Authentifizierungen, Nutzerprofile und Bewertungen wissen Mitfahrer genau, zu wem sie ins Auto steigen.

Die Bezahlung kann auch bargeldlos über die App abgewickelt werden und Treffpunkte werden über Google Maps angezeigt. Manchmal entstehen sogar Freundschaften aus einer Mitfahrgelegenheit.

Ebenso, wie aus der Mitfahrgelegenheit eine nette Begegnung werden kann, gehört zum Tanzen schließlich auch das Mittanzen. Man tanzt mit Partnern, in Gruppen oder mit sich selbst, indem man sich selbst verdoppelt. Eigen- und Fremdbewegung gehen ungezwungen ineinander über. Aus wechselnden Formen der Annäherung und Entfernung bilden sich Spielräume. In seiner stärksten Konzentration kann sich ästhetische Entschlusskraft zu großer künstlerischer Freiheit im Tanz entfalten.

9

DAS BAUHAUS UND DIE SCHÖNHEIT DER FUNKTION

Über das Wohnen

Luft und Licht

Eine komplett in Glas aufgelöste Fassade – das erregte 1926 Aufsehen. Walter Gropius hatte den Werkstättentrakt des Bauhaus' in Dessau in Stahlskelettbauweise ausführen lassen. Die tragenden Stützen des Gebäudes verbergen sich im Inneren. Auf diese Weise hängt die Glasfront bis heute wie eine Schürze frei über allen drei Geschossen und die gesamte Gebäudelänge ohne unterbrochen zu werden. Die Gliederung der Glasfassade ist schlicht gerastert, um die Glasscheiben zu rahmen. Der Bau, von höchster Transparenz, wirkte leicht und in grazile Durchsichtigkeit aufgelöst. Diese Gestaltung hatte seinerzeit alle herrschenden Vorstellungen von Architektur über Bord geworfen.

Gropius wollte Klarheit, Helligkeit und Funktionalität. Mit diesem Entwurf im modularen Verfahren setzte er international neue Maßstäbe in der Architektur. Gropius plädierte für eine klare Formensprache, die mit den geometrischen Grundformen auskommt, ohne Ornamente oder schmückende Elemente. Er wollte einfache, aber dennoch innovative Materialien, die sich industriell verarbeiten lassen, zum Einsatz bringen.

Kurz nach dem Ersten Weltkrieg und dem Fall der Monarchie machten es sich Künstler des Bauhaus' zur Aufgabe, die Wohnungen von pseudobarockem Pomp und Plüsch, dem Kitsch und der Dekorationswut der Gründerzeit zu befreien. Architektur und Einrichtung sollten auf das Wesentliche reduziert sein – auf die Funktion.

Strenge statt Opulenz! Transparenz statt Gemütlichkeit! Strahlendes Weiß statt düsterer Muster! Sonnenlicht statt Kronleuchter! Frischluft statt Draperien! Polierter Marmor statt Tischdeckchen! Bäume statt Zimmerpflanzen! Rechte Winkel statt Erker und Türmchen! Gerade Flächen statt rustikalem Gebälk! Stahlrohrmöbel und Eisengarn statt plüschiger Polstersessel! Leichtigkeit statt Mief! Schlichte, vorgehängte Fassaden statt Stein, Stuck und Bauschmuck! Glas und Chrom und keine dicken Mauern, hinter denen sich eine konservative Bürgerlichkeit verschanzt! Moderne Technik und Herstellungsweisen und praktischer Nutzen! Nur radikale Modernität!

Form follows function

Die Maxime »Form follows function« geht zwar auf den US-amerikanischen Architekten Louis Sullivan zurück. Aber erst die Künstler des Bauhaus' schrieben sich dieses Motto proklamatorisch auf ihre Fahnen. Doch schon früh stellten Kritiker diesen Leitgedanken des Bauhaus' in Frage. Adolf Loos, der schon im Jahr 1908 in Wien die kompromisslose Streitschrift *Ornament und Verbrechen* veröffentlicht hatte, kritisierte die Glasfassade des Bauhaus' in Dessau, sie sei »eine Art Ornament und ohne praktischen Nutzen«. Auch in der Rückschau aus heutiger Sicht wird deutlich, dass der Bauhaus-Stil zuerst ästhetische Aspekte berücksichtigte und erst in zweiter Linie tatsächlich den funktionalen Kriterien gerecht wurde, wie sie in dem Motto »Form follows function« ihren Ausdruck finden. Das Ziel der guten Form hatte schon früh durchaus dogmatische Züge. Dennoch, das Gebäude in Dessau mit der markant verglasten Fassade wurde sofort als Inbegriff der Moderne, als Umsetzung von Programm und Anspruch des Bauhaus' verstanden.

Das Bauhaus zog viele Künstler der Moderne an, darunter Wassily Kandinsky, Paul Klee, Oskar Schlemmer, Marcel Breuer, Lyonel Feininger, Ludwig Mies van der Rohe, Lilly Reich, Oskar Schlemmer und viele andere. Viele unterrichteten in den Werkstätten und lebten zusammen auf dem Gelände des Bauhaus'.

Die Institution verstand sich auch als politische Bewegung. Sie war international, antinationalistisch und antibürgerlich ausgerichtet. Das Bauhaus wollte unbedingt mit der Rückwärtsgewandtheit des Kaiserreichs brechen und verfolgte die Emanzipation der Frau. So waren sozialpolitische Forderungen, die an die moderne Architektur gestellt wurden, oft noch wichtiger als rein ästhetische Kriterien.

Wohnen ist politisch

Soziale Stadtentwicklung setzt die Idee der solidarischen Gesellschaft um. Heute beziehen die öffentlichen Verwaltungen für Stadtentwicklung die Bewohner der Quartiere zunehmend in Entscheidungsprozesse mit ein. Das heißt jetzt »Integrated Urban Governance« und bedeutet, dass Sie keine Häuser mehr besetzen müssen, wenn Sie auf zu hohe Mieten oder Leerstand aufmerksam machen möchten.

Die integrative Stadtentwicklung kann zum beweglichen Werkzeug gesamtgesellschaftlicher Steuerung werden. Entscheidungsprozesse werden neu definiert und bieten durch Austausch und Kommunikation ein wirksames Instrumentarium.

Die privatwirtschaftlichen Akteure in einem Stadtteil, einer Kommune, Verbände, Institutionen und Initiativen sowie die Bewohnerinnen und Bewohner müssen gemeinsam daran arbeiten, die Entwicklungspotenziale in den Stadtteilen zu aktivieren. Wir müssen uns entscheiden, was wir wollen, wie wir es wollen und uns an den Entscheidungen beteiligen.

Lebt und arbeitet man am selben Ort, identifiziert man sich mit der Stadt, der Gemeinde oder dem Stadtteil. Das Verantwortungsbewusstsein gegenüber regionalen Prozessen wie der Politik, Natur, Nachbarschaft und Wirtschaft prägt sich stärker aus. Eine emotionale Bindung baut sich auf. Denn für welchen Ort will man sein Engagement aufbringen, wenn man werktags am Morgen zur entfernten Arbeit fährt und erst wieder am Abend spät zurückkehrt und dort nur schläft und meistens woandershin fährt?

Die räumliche, gesellschaftliche, wirtschaftliche, ökologische und kulturelle Struktur einer Gemeinde, einer Stadt muss Lebensqualität für alle und Wohnlichkeit erlauben. Basis von neuen Konzepten ist die umfassende Beteiligung in diesen Planungs- und Entscheidungsprozessen, um die Vorstellungen mit den Notwendigkeiten realisieren zu können. Nachhaltigkeit, demografischer Wandel, Globalisierung sowie ökologische und nachhaltige Faktoren müssen zusammenspielen. Realität und Wünsche müssen gerecht für alle abgestimmt werden. Thematische und räumliche Konzepte auf der lokalen Ebene verbinden sich mit der Region.

Heute geht das Bauhaus in die Slums Lateinamerikas. Für die Favela *Jacarezinho* in Rio de Janeiro schlug das Bauhaus Lösungen für prototypische, in der gesamten Favela anwendbare städtebauliche und architektonische Eingriffe vor. In einem mehrjährigen Prozess (2000–2004) sind zusammen mit Bewohnern und Gewerbetreibenden in Selbstorganisation punktuelle Interventionen zur Verbesserung der Lebensqualität vorgenommen worden.

Wohnen und leben

Mit der Abwanderung von Bevölkerung und Gewerbe aus den Städten verschärfen sich die Probleme in den Ballungsräumen. Das muss verhindert werden, denn der Flächenverbrauch steigt und die Wege verlängern sich.

Zentrale Aufgabe ist die Mischung der Funktionen in der Flächennutzung: Wohnen, Leben, Arbeiten und Produzieren möglichst zu verbinden.

Verdichtung bedeutet aber nicht, Hochhäuser aufzutürmen oder das Verschwinden von Parks. Verdichtung bedeutet, dass brachliegende Flächen als eine Ressource erkannt werden, die wir schonen und sinnvoll einsetzen müssen. Verdichtung schützt die Kulturlandschaft um die Städte herum vor weiterer Zersiedelung. Bestehende Natur- und landwirtschaftliche Flächen beinhalten enorme Lebensqualität. Ausufernde Städte haben einen enormen Energieverbrauch für Mobilität. Wenn wir Ziele von Nachhaltigkeit erreichen wollen, müssen wir auch unsere Städte energieeffizienter ausrichten. Doch mit den stetig wachsenden Herausforderungen steigen auch die Nutzungskonkurrenzen.

Grün

In den urbanen Gebieten müssen die vorhandenen Grünflächen besser miteinander vernetzt werden, nicht nur aus stadtklimatischen Gründen. Häufig gewinnen sie noch an Wert, wenn sie durch Fuß- oder Fahrradwege verknüpft sind. Dann dienen sie der Mobilität oder dem Sonntagsspaziergang mitten in der Stadt. Grünzüge erlauben ein anderes Erleben der Stadt. Sie bieten neue Querverbindungen.

Grünzüge können nicht bebaute Gebiete verbinden. Als Biotopverbund können sie mehrere Funktionen auf sich vereinigen. Die Bildung von Auen, Wiesen, kleinen Gewässern, aber auch Flächen für Kaltluftbildung und -schneisen werden begünstigt. Fahrrad- und Spazierwege ermöglichen Abkürzungen abseits von Schnellstraßen.

Brachflächen können konsequenter zur Verdichtung genutzt werden. Hochhäuser – Fassaden oder Dächer – können mit Pflanzen und sogar mit Bäumen begrünt werden, um innerstädtische Ökosysteme zu verbessern.

Die Sogwirkung der Städte ist groß. Inzwischen wohnt mehr als die Hälfte der Weltbevölkerung in urbanen Räumen. Die Zukunft der Menschheit wird sich im Jahr 2050 in Ballungsräumen mit bis zu fünf Millionen Einwohnern abspielen. Was eine Metropole wirklich ausmacht, lässt sich nicht planen und entwickelt sich – trotz großer Wandlungsfähigkeit – langsam.

Letztlich sind es Kunst und Kultur, die eine Stadt unverwechselbar machen. Die im Stadtbild steingewordene Geschichte gibt einem Ort Authentizität. Es ist ihr einzigartiger, über Jahrhunderte gewachsener Charakter. Regionalverträgliche Konzepte müssen die Geschichte des Ortes als Entwicklungspotenzial erkennen, um einer behutsamen Stadterneuerung mit nachhaltiger Entwicklung den Boden zu bereiten.

Kultur bildet sich im Stadtbild ab. Die alten Römer saßen gern in Thermen und badeten dort mit ihren Freunden. Also finden die Archäologen heute Aquädukte und prächtige Badeanlagen. Was bleibt von uns sichtbar, Autobahnen und Gewerbegebiete?

Langsamer leben

Die Sehnsucht nach einem geruhsamen Tempo in der Stadt ist groß. Man möchte wieder flanieren und in der Stadt herumschlendern. Auf Reisen genießen wir gern die besondere Atmosphäre in historischen Städten. Dort laden innerhalb alter Stadtmauern schöne Plätze zum Verweilen ein. Wir wünschen uns Städte, die reich an Cafés, Theatern, Straßenmärkten und Restaurants sind, Orte voller Geist in gewachsenen Stadtvierteln mit gutem Handwerk, wo man die Auslagen kleiner Geschäfte bewundern kann.

Man setzt sich in ein Straßencafé, bestellt einen Kaffee und lässt das Leben beschaulich an sich vorbeiziehen. Jeder von uns lebt in Stadtteilen oder ländlichen Gebieten, die kulturell, ökonomisch und sozial unseren Lebensumständen oder Sympathien entsprechen. Nicht jeder möchte in Berlin-Kreuzberg eine Wohnung haben, nicht jeder möchte ein Häuschen mit Garten im Grünen bewohnen. Umgekehrt prägen wir mit unserem Lebensstil, unseren Gewohnheiten und unseren Wünschen den Stadtraum ebenso wie auch den ländlichen Raum. So entstehen lebendige Stadtteile oder verträumte Dörfer. So entstehen aber auch öde Stadtrandsiedlungen oder halb verlassene Dörfer abseits von Industriebrachen. Die sozialen Gegebenheiten bilden sich im Stadtraum ab. Auch unser Denken und unsere Vorstellungen vom Leben drücken sich im Stadtbild aus.

Sind die Stadtteile und Dörfer lebendig durchmischt oder stauen sich rund um die Stadt gesichtslose Schlafstädte mit Supermärkten? Wir müssen uns aber auch davor hüten, in ein strahlendes Zentrum und eine tote Peripherie zu zerfallen, die nur trostloses Sammelbecken für Perspektivlosigkeit ist.

Haben wir unsere Innenstadt an internationale Franchise-Unternehmen zur globalen Vereinheitlichung übergeben oder gibt es kleine Läden mit individuellem Angebot und einem stabilen Einzelhandel? Eine Stadt braucht rum um ihr urbanes Zentrum eine Kulturlandschaft, in der die Vielfalt von Flora und Fauna geschützt wird, um die Schönheit der Landschaft zu bewahren. All das stärkt die regionale Identität und das Gefühl von Heimat, das wir entwickeln.

Wie wir wohnen

Außerhalb des öffentlichen Raums führen wir in der Wohnung unser privates Leben, mit der Familie, Freunden, mit dem Haustier oder allein. Hier ruhen wir uns aus, schlafen und lieben, kochen und essen, bewahren unsere persönlichen Gegenstände und arbeiten – hier ist unser Lebensmittelpunkt. Eines der Ziele des Bauhaus' war es, gute Lösungen für eingeschränkte Verhältnisse zu finden, abgestimmt auf knappe Kassen und kleine Räume. Ein Leitbild war, die Architektur als Gesamtkunstwerk mit den anderen Künsten zu verbinden. Entwürfe sollten industriell zu fertigen und entsprechend kostengünstig sein, aber bei bester Qualität die breite Masse erreichen. Die Häuser sollten ein begrüntes Umfeld und eine ausreichende Belichtung haben. Die sanitären Ausstattungen des Bauhaus' gingen weit über den Standard in Altbauten hinaus. Die Ideen wirkten sich auf die gesamte Einrichtung aus: Möbel, Lampen, Türklinken und Elektrogeräte im Bauhaus-Stil verbreiten sich in deutschen Haushalten. Vom Tapetenmuster bis zum Bau moderner Siedlungen reichten die Reformbestrebungen. Ganze Siedlungen im Bauhaus-Stil entstanden: weiß gestrichen und luftig, mit klaren Formen und großen Fenstern. Alltagsgegenstände wie etwa die Pressglasbehälter »Kubus« von Wilhelm Wagenfeld brachten die Ästhetik des Bauhaus' auch tatsächlich in die Haushalte weiter Bevölkerungskreise.

Wie innen – so außen

Die Zimmer sind meistens schon durch die architektonischen Gegebenheiten definiert, vor allem das Bad und die Küche. Jedes Zimmer dient einer besonderen Funktion. Die Wohnung ist ein dreidimensionales Abbild unseres Lebens. Sie spiegelt unsere Seele. Im Englischen wird zwischen Wohnen und Leben gar nicht unterschieden. Zeitschriften greifen gern das Thema der Wohnpsychologie auf: Zeige mir, wie du wohnst, und ich sage dir, wer du bist!

Wohl gerade deshalb brachen die Nationalsozialisten die Reformbewegung des Bauhaus' in Deutschland. Ihr freier Geist war eine Bedrohung. Die Ausstellung »Entartete Kunst« 1937 in München stellte auch Werke der Mitglieder des Bauhaus' aus. Viele Künstler emigrierten und wurden mit offenen

Armen in den USA, in Israel und anderswo empfangen. Die Ideen des Bauhaus' waren willkommen. Methoden und Lehrsätze des Bauhaus' fielen auf fruchtbaren Boden und setzten sich international rasch durch. Bis heute beeinflussen die Maximen des Bauhaus' Architektur und Design in Grafik und Gestaltung.

In den 1970er Jahren produzierte man einige der Designklassiker des Bauhaus' in lizenzierten Editionen, die bis heute die Vorstellung eines vermeintlich einheitlichen Bauhausstils prägen. In der Architektur hat sich das modulare Bauen nicht nur bei Industrieanlagen, sondern auch bei der Schaffung günstigen Wohnraums zum Beispiel in Satellitenstädten von Megametropolen durchgesetzt. Klassiker wie das Billy-Regal von Ikea haben ihre Vorbilder im Bauhaus.

Der Minimalismus und der Purismus des Bauhaus" haben bis heute stilbildende Wirkung. Ohne dass wir es merken, prägt funktionalistisches Design unser tägliches Leben.

10

VIVIENNE WESTWOOD UND DIE PERMANENTE INFORMATION

Über Kommunikation

Punk ist tot

In den 1970er Jahren schockt Vivienne Westwood regelmäßig die Modewelt. In der Londoner No-Future-Szene macht sie mit Punk Furore. Sie ist die unumstrittene First Lady des Punk. Westwood und ihr Lebenspartner Malcolm McLaren bauen ab 1975 die legendäre Punkband Sex Pistols medienwirksam auf. Westwood als Kostümbildnerin, die den Jungs martialische Sadomaso-Monturen und aggressive Accessoires verpasst. Zerschlitzte und zerrissene Kleider, Elemente militaristischer Uniformen und dreist artifizielles Make-up, aber vor allem T-Shirts mit pornografischen Aufdrucken führen zu Konflikten mit der Justiz und der glitzernden Glamourwelt.

Westwood selbst provozierte die Öffentlichkeit in Minilederrock und löchrigem T-Shirt, behängt mit Ketten, Sicherheitsnadeln und Vorhängeschlössern, kombiniert mit Stilettos im Stil des horizontalen Gewerbes. Westwood und McLaren ließen das Verruchte, Grausame, Schäbige, Billige, Makabre und Morbide triumphieren. Westwood selbst stilisierte sich zur Ikone des schlechten Geschmacks.

Heute sagt sie über diese Jahre: »Punk war für mich eine reine Fingerübung. Ich wollte herausfinden, inwieweit man die Verhältnisse verändern kann, indem man das System attackiert.« Aber enttäuscht kommt sie heute zu dem Schluss: »Man ändert gar nichts, zumindest nicht durch T-Shirts mit pauschalen Phrasen. Dadurch schockt man das Establishment nicht, sondern füttert es im Gegenteil noch. Punk wurde verschluckt, vermarktet und am Ende waren wir die Opfer. Punk war ein Modetrend, keine Kunstform. Er ging nicht über die Mode hinaus und war am Ende nur eine andere Form des

Marketings. An Punk habe ich das Interesse verloren, als so viele uns kopierten.« Was einst als subversiv galt, ist heute Bestandteil des Mainstream.

Die Menschheit auf dem Laufsteg

Seit 1981 bringt Westwood Modekollektionen heraus. In ihrer ersten Show auf dem Laufsteg präsentierte sie Seefahrerromantik und setzte ein deutliches Signal für ihren Kurswechsel. Es folgten der Landhaus- und der Cowboy-Stil, aber auch ethnische Einflüsse, bis sie die Geschichte als Inspirationsquelle für sich entdeckte. Bis heute lässt sie sich gern von Kunst, Malerei und Mode des 18. Jahrhunderts anregen. Historische Stilmittel übersetzt sie in die heutige Zeit. Üppige Rokokokleider und Minikrinolinen, wahnwitzig hohe Plateauschuhe und wilde Rüschen, knappe Bustiers und Korsagen – opulente Stoffkaskaden, geraffte Röcke und gebauschte Jacken. Den Frauen wird der Busen hochgeschnürt, die Männer bekommen androgyne Silhouetten.

Kleider transportieren ganze Weltanschauungen:
Mode ist ein Kommunikationsmittel.
Nerzmantel oder Andenponcho? Fleece oder Kaschmir?

Brioni-Anzug oder 100 Prozent Polyester von C&A, wir erkennen die Unterschiede genau. Zugleich stehen Textilien als Produkt des Marktes in einem komplizierten Beziehungsgefüge von Rohstoffgewinnung und Herstellung sowie Image- und Vermarkungsstrategien. Welche Marke akzeptieren wir? Wer wollen wir sein?

Toxic News

Ob Jeans, Pullover und Rucksack oder Anzug, Krawatte und Aktentasche – wir senden immer Signale aus. Bewusst oder unbewusst erzeugt unsere Kleidung Assoziationen. Sie gibt unseren gesellschaftlichen Status, unsere Ambitionen und unsere Ideale zu erkennen. Kleidung ist ein Bedeutungsträger. Unsere Selbstinszenierung funktioniert zuverlässig.

Gleichzeitig strömen uns permanent informative Reize entgegen: Wir lassen uns mit kleinen Häppchen von aufwühlenden News anfüttern. Leicht verdaulich, aber auch schädlich. Madonna stürzt vom Hometrainer. Paris Hilton hat einen neuen Hund. Die Koalition ist zerbrochen. Die Piratenpartei schafft die Handys ab. Im Bundestag war Feueralarm. Wirbelsturm über dem Pazifik. – Interessiert uns das eigentlich wirklich?

News sind wie Junkfood.
Sie wecken unser Interesse, machen Lust auf mehr,
aber die Zusammenhänge bleiben unklar.

Oft schnappen wir nur ein paar Stichworte auf und vergessen das meiste. War der Emotionalitätsfaktor der Info besonders hoch, dann kauen wir noch eine Weile wie auf einem zähen Kaugummi darauf herum. Statt Wissen und Verstehen entsteht in uns ein permanenter Erregungszustand.

Die schnellen Medien berichten nicht ausgewogen, sondern bevorzugen negative Schlagzeilen: Katastrophen, Unfälle, Skandale. Sie erzeugen dadurch eine negative Wahrnehmung der Welt. So lernen wir Probleme zu überschätzen: Wenn alle dauernd davon reden, lauern sicher überall islamistische Selbstmordattentäter. Je negativer, desto größer der Nachrichtenfaktor, also werden wir mit negativen Informationen vollgestopft. Beispielsweise wird die Zahl der Verkehrstoten regelmäßig sensationalisiert, obwohl sie von Jahr zu Jahr insgesamt rückläufig ist.

Der Schriftsteller Rolf Dobelli erklärt die Toxizität von News scharfsinnig in 15 Punkten: 1. News führen zu einer falschen Risikokarte im Kopf; 2. News sind irrelevant; 3. News schränken das Verständnis ein; 4. News sind Gift für den Körper; 5. News verstärken systematische Denkfehler; 6. News hemmen das Denken; 7. News verändern die Struktur des Gehirns; 8. News sind Zeitverschwendung; 9. News unterhöhlen die Beziehung zwischen Ruhm und Leistung; 10. News werden von Journalisten gemacht; 11. Berichtete Tatsachen sind manchmal, Prognosen immer falsch; 12. News manipulieren; 13. News machen uns passiv; 14. News töten die Kreativität; 15. News geben uns die Illusion von Mitgefühl.

Alle Medien beinhalten Werbung. Wir sind umgeben von Medien, in denen die Trennlinie zwischen redaktioneller Information, gekaufter Meinung, Produktplacement und direkter Reklame immer schwerer auszumachen ist. Manipulation überall.

Lesen Sie doch lieber Bücher oder gut recherchierte Zeitungsartikel. Versunken auf dem Sofa zu lesen macht glücklich. Indem Sie eine Auswahl treffen und kritisch lesen, erfahren Sie Zusammenhänge, Hintergründe, Inspiration und kluge Inhalte.

Am besten, Sie geben Bücher und Zeitungen nach der Lektüre weiter. Leihen Sie sich Bücher in der öffentlichen Bibliothek. Bücher sollten keine Statussymbole sein, die anzeigen sollen, wie belesen wir sind, was wir alles wissen, womit wir uns beschäftigen. Buchbesitz wird schnell Ballast. Wir haben Ehrfurcht vor Büchern. Aber Bücher nehmen viel Platz weg und machen unflexibel. Schon mal eine Kiste Bücher bei einem Umzug geschleppt?

E-Books wiegen weniger. Und Schmöker, die Sie im Urlaub schon sorgfältig mit Sonnenöl eingecremt haben, können Sie im Hotel in die Leseecke einstellen. Verschenken Sie Ihre Bücher. So können Sie jemand anders eine Freude machen.

Konzentration und Kontemplation

In der Konzentration und Kontemplation ordnen wir unsere Gefühle und Gedanken. Finden zu uns. Finden inneren Frieden. Notwendig ist die Entwicklung eines starken Bewusstseins für das, was wir wollen, was wir tun, wofür wir stehen. Unsere Werte kennen und leben. Das erfordert Muße. Eine kontemplative Haltung ist von Ruhe und sanfter Aufmerksamkeit bestimmt. Dazu muss man sich bewusst entschließen.

Grundlage für Konzentration ist Ruhe. Wir brauchen Ruhe und Zeit für das Erspüren der eigenen Mitte. Aber wir lassen uns viel zu sehr ablenken. Die Dinge rauben uns viel Zeit und Raum. Besitz beherrscht uns. Das Erleben kommt zu kurz. Wir gehen einkaufen, aber spazieren nicht in der Sonne.

In der Hektik des Alltags und des Stresses verliert man den Kontakt zu sich selbst. Auf der Jagd nach immer mehr verlieren wir unser Gefühl für unsere innere Mitte und unseren inneren Frieden – und damit zu uns selbst. In der Reizüberflutung haben wir das Leben verdichtet und die Zeit komprimiert. Zu viele Erlebnisse überfordern die Kapazitäten unseres

Nervensystems und Gefühle überfordern das Fassungsvermögen unserer Seele.

Unsere Freizeit geben wir für banale Sendungen, unwichtiges Infotainment, schlechte Nachrichten oder stupide Shows her. Einen großen Teil unserer Aufmerksamkeit überlassen wir dem Mainstream, lassen uns berieseln und manipulieren. Von Kindheit an konditioniert auf das Habenwollen, halten wir die Produkte der Medien für unverzichtbar.

Junkfood und Fastfood. Dafür geben wir unsere innere Balance auf und Souveränität ab?

Der Weg zu einem sinnvollen und erfüllten Leben, in dem wir uns richtig lebendig fühlen, führt über Verlangsamung und das bewusste Erleben des Augenblicks.

Ohne Leidenschaft bleibt das Leben fad und lauwarm. Leidenschaft ist Lebensfreude pur. Sie ist das, was uns alle antreibt. Ohne dieses Brennen, diese Begeisterung würden wir unser Leben tatenlos an uns vorbeiziehen lassen. Leidenschaft ist Wildheit, ist Liebe zum Leben.

Wenn wir in unserer inneren Mitte keinen Paradiesgarten anlegen, dann machen andere daraus eine Müllkippe.

Mode sagt mehr als »Ich bin ein Pullover«

Welch ein Skandal, als Oliviero Toscani für Benetton im September 1991 mit blutigen Hemden von toten Soldaten warb, für alle breitflächig auf den großen Plakatwänden in unseren Stadtlandschaften zu sehen. Der Vorwurf lautete: sensationslüsterne Ästhetisierung des Krieges! Benetton brach mit der heilen Welt der Mode und machte sich ein sozialkritisches Image anheischig. Aber der Zynismus, die Glamourisierung der Gewalt sollte nicht sein. Empörung. Weitere Provokationen kamen zum Thema Aids, eine ein weißes Baby stillende schwarze Mutter, ein farbiger Mann mit abgehackter Hand und einer notdürftigen, in einem Löffel endenden Prothese, eine einen Priester küssende Nonne, Gesichter von zum Tode Verurteilten. Benettons Pressesprecher erklärten dazu: »Benettons Kampagnen haben es geschafft, die Mauer der Gleichgültigkeit einzureißen, und dazu beigetragen, die Wahrnehmung universeller Probleme unter den Bürgern der Welt zu erhöhen.« Vielleicht stimmt das sogar?

Heute interessiert sich kaum jemand mehr dafür, das System in Frage zu stellen, wie es Westwood mit Punk tat. Dafür trägt man Outdoor-Funktionskleidung. Leute, die im SUV ins Büro fahren, Leute, die nur mal zum Supermarkt um die Ecke gehen, Leute, die im Stadtpark einen Sonntagsspaziergang machen, sie alle werfen sich in eine Outdoor-Jacke. Aber müssen wir arktische Regionen durchqueren, um den nächsten Bäcker zu erreichen? Besteht die Gegend vor unserer Haustür aus einer lebensfeindlichen Klimazone? Ist der Alltag eine Steilwand im Himalaja? Schließen wir uns einer lebensgefährlichen Expedition in unwirtliche Breitengrade an, wenn wir in die Bahn steigen?

Wenn es um Outdoor-Kleidung geht, spätestens dann setzt die psychologische Manipulation ein. Sündhaft teure Anoraks für frostklirrende Temperaturen. Sie sind winddicht, wasserdicht, atmungsaktiv, thermoregulierend, schmutzabweisend, antimikrobiell, flammhemmend, UV-beständig, elektrisch abschirmend, elastisch, strapazierfähig, pflegeleicht, chemikalienresistent, leicht, wärmend oder kühlend – kurz sie sind furchtbar intelligent. Außerdem haben sie noch abnehmbare Pelzkrägen, viele aufgesetzte Taschen, Unterarmventilation, eine strahlenabweisende Handytasche und bieten ein Maximum an Klimakomfort. Es gibt sie in allen Farben oder gar bunt! Das Tatzen-Logo ist überall. Was wollen wir damit sagen? Ich bin James Bond in geheimer Mission! Ich verehre Reinhold Messner!

Warum nur kleiden sich Leute von 18 bis 80 in diese übertechnologisierten Polarjacken? Ein Anorak für Menschen, die ihre Flitterwochen auf dem Mars verbringen möchten? Die Verkaufszahlen der Outdoor-Branche sind prächtig, Tendenz steigend. Liegt das an den von hochgerüsteten Regenjacken?

Geht es um die Natur? Die Liebe zum Chlorophyll? Zum Wandern in heimischen Gefilden? Will der Mensch in der Thermojacke dem Rest der Menschheit demonstrieren, dass er schon die Alpen zu Fuß überquert hat, wie einst Hannibal mit Elefanten? Will er vorgeben, dass er sofort bereit wäre, gut durchtrainiert im ewigen Eis Grönlands die Eisberge zu erklimmen? Wer für den Bummel durch Quedlinburg (Weltkulturerbe!) oder Mannheim (neues Barockschloss!) eine Outdoor-Jacke trägt, behauptet: Heldenhaft werde ich Wind und Wetter, Temperaturstürzen, allen Gefahren, Feuer und Wasser und wenn es sein muss, auch der Apokalypse trotzen. Diese Jacken schaffen ein cooles Image. Seht her: Ich bin für alle Grenzerfahrungen stets bereit. Selbst wenn der Frührentner eine neue Fernbedienung kaufen geht, ist er für alle Eventualitäten der unberechenbaren Unbilden der Natur und des Alltags wohlgefeit. Ihn kann nichts erschüttern.

Bei den Materialien hört die abenteuerlustige Naturverbundenheit aber auf. Die Hersteller verwenden per- und polyfluorierte Chemikalien. Diese eingesetzten Verbindungen sind in der Natur kaum oder gar nicht abbaubar und sogar noch in der Tiefsee nachweisbar. Liebe zur Natur? Die umwelt- und gesundheitsschädlichen Schadstoffe bestehen aus Polyester-Fleece oder Polyamid, zum Isolieren gibt es obendrauf eine Schicht Polyurethan oder Polytetrafluorethylen. Hört sich das so an, als würde das Material in der freien Natur vorkommen? Nein, das gehört in den Sondermüll. Ein naturverbundener Mensch mit Outdoor-Jacke, das ist wie ein cooler Weltenbummler, der sich ohne diese Jacke aus Castrop-Rauxel gar nicht raus traut. Aber Funktionskleidung ist das Zauberwort. Der Umsatz steigt. Pure Sehnsucht nach dem wahren Abenteuer. Eitelkeit. Wer etwas trägt, was er nicht braucht, will damit etwas darstellen.

Rollen tauschen

Mode ist ein hochkomplexes gesellschaftliches Phänomen. Die Trendscouts sind überall unterwegs: in den Fußgängerzonen, an der Universität, auf Kunstmessen, in Szenebars oder feinen Restaurants. Interessante Strömungen werden auf der Straße, in der Öffentlichkeit ausgekundschaftet und sofort umgesetzt. Manche Modehäuser bringen zwölf Kollektionen im Jahr heraus, um sofort und immer zu reagieren.

Was wollen wir nicht alles mit unseren Klamotten sagen: Ich mag es praktisch. Ich will nicht auffallen. Ich bin sportlich. Ich brauche dringend Beachtung. Ich bin etwas ganz Besonderes. Bin ich nicht schön? Ich bin reich. Ich hab es nicht nötig, aufzufallen. Bin ich nicht toll? Ich lehne alles ab. Ich war schon in New York. Ich bin Tierschützer. Bin ich nicht sexy? Ich gehöre zur Rockerszene. Ich studiere Sozialpädagogik. – Unendlich viele Aussagen können wir transportieren. Wir können die Rollen aber auch tauschen. Heute Studentin, morgen junge Dame.

Bei aller Sehnsucht nach Schönheit, dient Kleidung auch immer dazu, Macht durchzusetzen. Kleidung hat das Potenzial, als Machtinstrument zu wirken. Wichtig: Statussymbole in Szene zu setzen! Ein dunkler Anzug im Büro signalisiert Distanziertheit, Respekt und Würde. Grundsätzlich gilt: Je dunkler der Anzug, desto höher die Position.

Ein Kleid ist viel mehr als nur die Summe seiner zusammengenähten Teile. »Mode ist die Verbindungsstraße von der inneren zur äußeren Welt«, schreibt die britische Modetheoretikerin Elizabeth Wilson. Natürlich ist es das große Paradoxon der Mode, gleichzeitig auf Kommerz und Kunst ausgerichtet zu sein. Das spricht ihr keineswegs die gesellschaftspolitische Relevanz ab.

Datenmüll versus Denken

Welche Informationen lassen wir zu? Und wann? Unser Denken hätte eine Outdoor-Jacke nötig, die es vor den Informationsfluten schützt: Steigen wir in unser Auto und das Radio geht augenblicklich automatisch an? Sonderangebotsaktionen werden uns sofort ins Hirn gemeißelt? Der zittrige Gesang der E-Gitarre sägt sich gleich in das Nervensystem?

Oder wollen wir eigentlich noch über das letzte Gespräch nachdenken und dafür Ruhe haben? Brauchen wir mehr Platz für das Selbst-Denken? Wollen wir lieber einen Gedanken verfolgen?

Querdenken. Selbst denken. Alles in Frage stellen. Immer kritisch bleiben. Gar nicht so einfach.

Der Soziologe Harald Welzer hat extra eine Denkfabrik gegründet: FuturZwei. Er bezeichnet sie als ein Labor für das Denken über die Zukunft. Welzer sucht nach Ideen für eine wünschbare Zukunft. Eines seiner vielen Statements lautet: Medienkonsum ist die verdeckte Bewirtschaftung des Bewusstseins, die dafür sorgt, dass unser Denken in Routinen erstarrt.

Perspektivwechsel. Den Blickwinkel ändern, am besten zusammen mit Gruppen, die den Mut haben, Ideen in die Tat umzusetzen. Den Mut zu Fantasie haben und Experimente zu wagen. In Resilienz-Gemeinschaften können wir über die Fähigkeit unseres Systems, wie wir mit Veränderungen umgehen können, gemeinsam nachdenken. Von innen oder außen kommende Störungen sollten korrigiert und ausgeglichen werden. Frei nach dem Motto des italienischen Schriftstellers Tomasi di Lampedusa: »Es muss sich alles ändern, damit es bleibt, wie es ist.«

Fragen stellen

Weshalb werfen wir Rohstoffe weg? Weshalb kann ein T-Shirt 5 Euro kosten? Ist ein Leben ohne Auto möglich? Wie werden wir zukunftsfähig?

Selbst Denken ist gar nicht so einfach. Es kostet Zeit und Energie. Das Gehirn macht nur zwei Prozent unseres Körpergewichts aus. Es verbraucht aber ungefähr zehnmal so viel des zur Verfügung stehenden Sauerstoffs und der Energie im Blut – und das ganz ohne besondere Anstrengungen.

Vivienne Westwood ist bis heute eine politische Modemacherin, die sich für ökologische Nachhaltigkeit oder für Julian Assange einsetzt. Auf die Frage »Worum geht es Ihnen heute mit Ihrer Mode?« antwortet sie: »Ich möchte das Denken der Leute beeinflussen. Ich weiß, dass das anmaßend und womöglich dümmlich klingt, wenn man betrachtet, in welcher Zeit wir leben. Aber ich bin davon überzeugt, dass die Welt sich bereits ändern würde, wenn nur einer von hundert anfinge, wirklich nachzudenken. Die Menschen müssen endlich wieder lesen, sich mit Geschichte beschäftigen und die Gesellschaft in Frage stellen. Schauen Sie sich doch um, die Leute konsumieren, was man ihnen vorsetzt. Sie blättern in billigen Magazinen, verblöden vor dem Fernseher und lassen sich permanent beschallen. Und je mehr die Leute konsumieren, desto weniger denken sie nach. Die einzig wahre Subversion liegt darin, den Menschen neue Ideen zu vermitteln. Und auf meine Weise versuche ich bereits, sie zum Nachdenken anzuregen.« Sie geht sogar so weit zu raten: »Kaufen Sie gar nichts!«

11

MONET UND DIE SEHNSUCHT

Über Freizeit

Der pure Moment

Blühende Seerosen auf einem Teich verschwimmen zu einem wogenden Meer aus blauen, grünen und violetten Farbtönen. Das Wasser und die Blumen versinken zusammen in einen Rausch aus Farbe und Licht. Die Farben verbinden sich mit dem Sonnenlicht und lösen sich darin auf. Wasser, Blumen und Licht gehen ineinander auf. Die Seerosen ziehen sich überbordend über den ganzen Teich und haben von der Leinwand ganz und gar Besitz ergriffen. Sie liegen still auf dem Wasser und schaukeln kaum spürbar auf den zarten Wellen der Wasseroberfläche.

Kein Himmel, kein Horizont, kein Ufer. Kein Zentrum, keine führende Komposition, keine flächigen Konturen. Nur Seerosen. Der Blick streichelt sanft über Wasser und Pflanzen. Das Auge kann sich in den Farben und dem Licht verlieren, ausruhen und sich vergnügen.

Spiegelungen auf dem Teich – im Wasser reflektiert das Licht. Es besteht keine Trennung zwischen den Pflanzen und ihren Lichtbrechungen. Nur die Seerosen und das flimmernde Licht unter der Wasseroberfläche. Das Einzige, was den Maler zu beschäftigen scheint, sind die Farben und wie sie diesen Augenblick der Wahrnehmung auf die Leinwand übertragen. Bäume am Ufer werfen ihre Schatten oder lassen das Sonnenlicht in ihren Blättern spielen. Monet fängt diese Stimmung ein. Das Licht hebt die Materie auf. Die gegenständliche Welt verliert ihre materielle Qualität. Das Licht verwandelt die Realität in eine bloße Erscheinung.

Der Pinsel scheint sich schnell auf der Leinwand bewegt zu haben. Flüchtig und mit großer Spontaneität setzt Monet die Farben in Strichen und Tupfen skizzenhaft in das Bild. Die

Ränder oder ganze Bereiche wirken oft unvollendet. Die Farben des Bildes entfernen sich von der tatsächlichen Objektfarbe. Smaragdgrün und intensives Violett oder cremige Töne und Rosa gehen in ein sanftes Aquamarin, Türkis oder Kobaltblau über. Warme Farben stehen gegen kalte Farben und heben Kontraste von gegeneinandergesetzten Komplementärfarben auf.

Das Motiv löst sich auf, zugleich werden die Formate immer größer. Kurz vor seinem Tod bemalt Monet Formate von 2 x 6 Metern. Er muss an der Leinwand hin und her laufen. Monet sieht nicht mehr gut und wird fast blind. Aber mit seinen Seerosen kommt er dem Wesen des Lichts immer näher.

Draußen zu Hause

Ganz nah an der Natur. Im Wald, am Meer, in den Bergen, in Tälern, an Flüssen und Seen – überall ist Schönheit.

Wenn Kinder mit Gummistiefeln im Wald unterwegs sind, dann ist das Abenteuer pur. Matsch, Feuer, Uferlandschaften, Berge, Wald und Wiesen, Tiere und Insekten, alles da im großen Draußen. Wald- oder Naturkindergärten betreuen Kinder außerhalb fester Gebäude. Hier können sie sich frei bewegen und die Natur entdecken und erforschen. Noch wenn sie erwachsen sind, werden diese Kinder durch die Erfahrungen, die sie mit der Natur gemacht haben, geprägt sein.

Die Natur ist der ideale Platz für Kinder und Erwachsene. Die primäre pädagogische Kraft ist die Natur selbst. Durch unbegrenzten Raum, Stille und Zeit wird die Entwicklung von emotionaler Stabilität, Konzentrationsfähigkeit und Ausgeglichenheit unterstützt.

Wer sich selbst bei Wind und Wetter in der Natur erlebt, spürt die wechselseitige Abhängigkeit und erfährt sich als Teil vom Ganzen. Die Natur intensiviert unsere Erfahrungen aus der Zivilisation. Sie können Vertrauen und Mut in die eigenen Fähigkeiten entwickeln, aber auch Ihre persönlichen Grenzen erleben. Die Natur bietet Erlebnisse fernab von »Events« und Konsum: Kreativität, Spontanität und soziales Verhalten fühlen sich im Wald oder Gebirge intensiver an als im Büro.

Die Menschen waren sich ihres Einbezogenseins in die natürlichen Zyklen des Entstehens und Vergehens über Jahrtausende bewusst und lebten in tiefer Verbundenheit gemeinsam mit ihrer heimatlichen Flora und Fauna. Heute erleben sie die Gesetzmäßigkeiten der Natur auf Wanderungen oder ausgedehnten Spaziergängen. So werden alle Sinne angeregt und der Wunsch erwacht, weiter zu entdecken, welche Wunder die Natur noch bereithält.

Beim Wandern bekommt man so viel auf einmal: Bewegung, die herrliche Landschaft, Tagträume oder das Miteinander mit Freunden. Man kann gut und einfach essen, im Zelt oder im Freien schlafen. Beim Wandern entdeckt man den Mikrokosmos von Flora und Fauna um einen herum und man sieht viele kleine Dinge, die man mit dem Auto, nicht einmal mit dem Fahrrad wahrgenommen hätte. Wandern kann man überall, vor der eigenen Haustür oder im nächstgelegenen Waldgebiet, in der Lüneburger Heide, in den bayerischen Bergen oder weiter weg. Man braucht nicht viel. Schon kann es losgehen.

Mit steigender Tendenz wandert die Hälfte der Deutschen

und schafft auf diese Weise einen ertragreichen Tourismusmarkt. Lange galt Wandern als hinterwäldlerisch und war durch die suspekte Wandervogel-Bewegung, martialische Hitlerjugendrituale und Sauftouren zum Vatertag völlig diskreditiert. Wandern war nur noch etwas für spießige alte Leute.

Das hat sich grundlegend geändert. Junge Leute möchten raus in die Natur, was erleben. Es hat geholfen, dass es ein englisches Wort dafür gibt: »outdoor«, also draußen, vor der Tür! Alle wollen jenseits von Alpenverein oder BUND die Natur spüren und sich frei unter dem Himmel fühlen. Wandern kann vor der Haustür losgehen und kostet gar nichts. Natur hilft uns zu entspannen, denn es gibt auch das spirituelle oder meditative Wandern. Man kann nachts wandern, man kann nackt wandern, man kann barfuß wandern. Indem man in den Landschaften Größe und Erhabenheit entdeckt, ändern sich seelische Zustände. »Man macht die Erfahrung, mit wenigem auskommen zu können und in dieser Situation Außerordentliches zu vollbringen und besonders intensiv zu erleben.« Man erholt sich prächtig.

Gärtnern geht überall

Ein anderer neuer Trend ist das Gärtnern. Hinter dem Eigenheim wird ein japanischer Garten angelegt, auf dem Komposthaufen wuchert der Kürbis, im Schrebergarten wird die Buddhastatue aufgestellt und die betongestressten Städter bauen Zucchini, Erdbeeren und Tomaten auf den Dächern ihrer Wolkenkratzer an. Guerilla Gardening auf dem vernachlässigten Grünstreifen und Urban Gardening rund um den Baum vor der Haustür.

Man pflegt einen naturnahen Lebensstil, der von Gesundheitsbewusstsein und der Ausrichtung nach Prinzipien der Nachhaltigkeit geprägt ist. Die Landlustliebhaber sind aber eine hybride, schwer zu fassende Lifestyle-Gruppe. Die LOHAS (Lifestyles of Health and Sustainability) und die LOVOS (Lifestyles of Voluntary Simplicity) sind Vertreter eines grundlegenden Wertewandels in der Gesellschaft. Sie buchen luxuriöse Natur-Urlaube und sind zugleich treue Kunden von Bioläden. Unterdessen haben sie sich aber auch dem kritischen, intelligenten und partizipativen Konsum verschrieben. Sie verweigern sich der Manipulation durch Werbung. Der Garten bietet ihnen Zufluchtsort und Genuss zugleich. Hier lässt sich vollkommene Harmonie anstreben. Sie stehen für Individualität und Gemeinsinn zugleich. Die selbsteingekochte Marmelade und das selbstgemörserte Bärlauch-Pesto künden von ökologischer Verantwortung und einer freiwilligen Einfachheit. Man strebt ein selbstbestimmteres und erfüllteres Leben an.

Im Garten wird das Leben entschleunigt. Keimlinge aufpäppeln. Sehen, wie es wächst. Sich geerdet fühlen. Frischer Schnittlauch. Selbstgezüchtete Tomaten. Die Radieschen von oben sehen.

Das sind keine Projektionen, hier werden Träume verwirklicht. Nicht Google, Facebook oder PowerPoint-Präsentation, sondern der Duft von Humus und Maiglöckchen. Erde unter den Fingernägeln. Das Digitale und Virtuelle hat alles Sinnliche verdrängt. Je größer die Entfremdung, desto stärker die Sehnsucht. Die Beziehung zwischen Stadt und Land hat sich in den letzten Jahrzehnten stark verändert. Die Einschläge in der

Wirtschaft und in der eigenen Arbeitswelt kommen näher. Ist man dann auf dem Land nicht sicherer? Kann sich notfalls selbst versorgen?

Im Einklang mit der Natur leben. Ist das Paradies die Einheit von Mensch und Natur, so kommt man mit dem eigenen Garten dem Paradies auf Erden näher. Für den ökologisch verantwortungsbewussten Menschen der heutigen Zeit ist das Paradies meist eine Wildnis, ein Urwald oder Biotop, in dem die durch Kultur und Technik hervorgerufene Entfremdung überwunden wäre.

Sehnsuchtsorte

Über zweihundert Bilder von Seerosen hat Claude Monet in Giverny gemalt. Bis zu seinem Tod im Jahr 1926 wird dieser Garten die wichtigste Inspirationsquelle des Malers sein.

Der Garten gehört zu Monets Haus in Giverny, das an der Einmündung der Epte in die Seine liegt, etwa in der Mitte zwischen Paris und Rouen. Monet mietet das Haus 1883 und zieht mit seiner zweiten Frau Alice, deren sechs Kindern und seinen zwei Söhnen aus erster Ehe ein. Sieben Jahre später kann Monet es sich leisten, das Haus zu kaufen. In den folgenden Jahren erwirbt er zusätzlich dazu ein zweites Grundstück, um seinen Garten zu vergrößern.

Da durch das Grundstück ein Bächlein fließt, kann der Maler einen Wassergarten anlegen. Als Monet eine Brücke nach japanischem Vorbild errichten lässt, bekommt der Garten den Namen »Japanischer Garten«. Monet bepflanzt den Teich mit Seerosen, Schwertlilien, Seegras und Algen, während am Ufer Schilf, Iris, Bambus, Buchen und Trauerweiden wachsen. Blauregen lässt er ranken und Rhododendren blühen. Er kauft exotische Pflanzen, wie beispielsweise Tuberosen aus Mexiko, die zum Teil erst wenige Jahre in Frankreich bekannt sind, und komponiert das Farbzusammenspiel der Blüten. Mit diesen Pflanzen erregt er das Misstrauen der ansässigen Bauern, die durch die fremden Pflanzen Gefahren für ihre Landwirtschaft befürchten.

Monet liebt die Gartenkunst, liest Fachliteratur und besucht Gartenausstellungen. Sieben Gärtner pflegen die Anlagen täglich nach den Wünschen des Malers. Ein Gärtner ist ausschließlich für die Seerosen zuständig.

Darüber hinaus hat Monet einen Zier- und Nutzgarten mit dem Namen »Clos Normand« in Giverny. Hier pflanzt er Salat, Gemüse, Obstbäume und Beeren an, dazu eine wuchernde Blumenpracht aus Rosen, Goldlack, Kapuzinerkresse, Waldreben, Klatschmohn und Tulpen.

Jedem kommt ein eigener Sehnsuchtsort in den Sinn. Ist der Sehnsuchtsort mit dem Fernweh, mit dem Aufbruch in fremde Länder und dem großen Abenteuer oder mit dem Sehnen nach einem mythischen Ort in der Seele verbunden? Ist der Sehnsuchtsort eine Projektionsfläche von Idealbildern? Das jeweils Fremde wird in der Traumwelt zur Heimat oder ist es ganz nah und realistisch, gar auf dem eigenen Sofa oder am Küchentisch der Großmutter?

Wohin sehnen Sie sich? Wohin sehnen wir uns? Weshalb steckt in so vielen von uns dieses Verlangen nach einem anderen Ort? Ist es ein konkretes Ziel oder ein Fantasiereich?

Monet hat sich seinen Sehnsuchtsort selbst geschaffen. Er hat ein Stück Natur in einen Garten verwandelt und ihn über Jahrzehnte immer wieder gemalt. Heute sind seine Seerosenbilder Millionen wert, zu sehen in den großen Museen der Welt.

Die Welt der Freizeitindustrie

Lange bevor wir Sehnsucht spüren, erreichen uns die Angebote der Reiseindustrie: Traumreisen werden uns vorgeschlagen. Heutzutage stillt sie unser Fernweh, lange bevor uns die Neugier und Reiselust plagen könnte: Mit dem Schiff auf dem Nil, auf einem Kamel durch die Wüste oder mit dem Motorrad durch Marokko. Und wie klingen diese Namen: Shanghai, Rio de Janeiro oder Rangun? Fremde Kulturen erleben. Reisen an das Ende des Regenbogens. Oder Wochen am Meer, unter Palmen am Strand? Auf dem Gipfel eines Berges? Endlich Ruhe, das pure Nichts. Die Schönheit der Natur.

Auf diese Weise wird Natur zum Produkt. Ob für Mountainbiker oder Skifahrer. Wildwasserraften in Thailand, danach eine Massage oder Tai-Chi am Ufer des Mekong.

Der Freizeitindustrie zu entkommen ist fast unmöglich, weil sie in sämtliche Gegenden der Welt eindringt und ihre Angebote auch den individuellsten und ausgefallensten Wünschen anpasst. Klosteraufenthalte, Yogaurlaub, Ferien auf der Alm inklusive Kühe hüten, melken und Käse machen. Oder Sie mieten sich ein Zelt in der Mongolei, um in der Stille der Steppe zu meditieren und eine Zeitlang mit *Noma*den zu leben.

Und dann kommen wir an und es regnet tagelang, die Koffer gingen auf dem Flug verloren und die Mücken werden zu Plagegeistern. Sehnsuchtsorte stehen für etwas anderes und können die in sie gesetzten Erwartungen kaum erfüllen.

In der Freizeit sucht man vor allem innere Ruhe und Freiheit für eine selbstbestimmte und kreative Zeit. Man wünscht sich eine gesunde Balance zwischen den Ansprüchen des Arbeits- und Privatlebens und eine Besinnung auf das Wesentliche, Stille und Langsamkeit. Im eigenen Rhythmus will man

Abstand zum Alltag finden oder in spiritueller Einkehr zu sich selbst finden. In der stressigen Leistungsgesellschaft sehnen sich viele nach einer entspannten Gegenwelt.

In den letzten Jahrzehnten habnen wir die Zeitpläne enorm komprimiert. Viele müssen und wollen in ihre täglichen 24 Stunden immer mehr Termine und Aktivitäten hineinquetschen, haben immer mehr zu tun und ersticken im Aktionismus. Die Kehrseite davon ist eine überbordende Wellness-Welle, die Ruhe und Entspannung zum exklusiven Gut stilisiert.

Langsam reisen

Odysseus reiste unfreiwillig. Goethe zog es nach Italien – »Kennst du das Land, wo die Zitronen blühn ...«. Albert Einstein ging in die USA, um zu überleben. Aus Angst vor dem Leben blieb Marcel Proust im Bett und zog die Vorhänge zu, während Woody Allen in New York bleibt, um sein Glück als Stadtneurotiker zu suchen.

Wenn Monet reiste, wollte er malen. Er malte an der Riviera, in Venedig, in der Bretagne und – gemeinsam mit Auguste Renoir – an der Côte d'Azur. Immer wieder reiste er nach London. Seine letzte Reise führte ihn nach Madrid, um Velázquez, El Greco und andere spanische Meister im Prado in Madrid zu studieren.

Dan Kieran hat ein ausgelassenes Buch über die Kunst des Reisens geschrieben. Darin erzählt der Brite, wie er gemeinsam mit Freunden in einem elektrischen Milchwagen wochenlang durch England zuckelt. Geht es hügelauf, ist der Wagen so langsam, dass er von den Hummeln überholt wird. Kieran wird immer entspannter, während sich seine Wahrnehmung verändert und er dem Gras beim Wachsen zuschauen kann.

Und tatsächlich, das Abhacken der Top-Ten-Hotspots am Reiseziel kommt mehr und mehr aus der Mode. Wollen wir Urlaub machen und uns erholen oder wollen wir reisen und etwas Neues kennenlernen?

Je mehr man sich auf einer Reise von vertrauten Dingen löst – mit nur winzigem Gepäck neue Wege sucht und vor allem langsam unterwegs ist, desto mehr werden Aufmerksamkeit und Sinne geschärft.

Wer will das nicht: Barfußwanderwege in der Schweiz erkunden oder ein paar Wochen auf einem Floß treiben? Keinen festen Plan haben, sich dem Zufall überlassen? Land und Leute in indischen Zügen kennenlernen? Auf einem Lastkahn in Burma auf dem Irrawaddy an Bord gehen, weil die Straßen vom Regen mit Geröll versperrt sind? Sich dem Chaos der Natur ausliefern und dabei die Erkenntnis gewinnen, dass die langsame Art des Reisens den Blick auf die Welt verändert? So ist die Landschaft nicht länger Kulisse wie bei All-inclusive auf Kuba. Wir lassen uns berühren und kommen uns und der Welt näher. Wen lernt man schon in einem Hotel kennen? Meistens niemanden. Wie wäre es aber, einmal mit einem thailändischen Ehepaar auf dem Reisfeld Tee zu trinken, wenn man zufällig daran vorbeikommt?

Der tiefenentspannte Engländer Tom Hodgkinson gibt folgende Ratschläge:

1. Reise nicht nur, um anzukommen;
2. Bleib zu Hause;
3. Sei dein eigener Reiseführer;
4. Heiße Katastrophen willkommen;

5. Folge deinem Instinkt;
6. Verliere den Kopf und
7. Sei abenteuerlustig.

Frei zu sein von den Verpflichtungen, das ist es, was uns die lang ersehnte Urlaubszeit ermöglicht. Sie schenkt uns die Gelegenheit, einfach und im Einklang mit uns selbst zu leben. Man kann die Sonne und die Schönheit der Welt genießen und dafür sorgen, etwas wirklich Gutes für Leib und Seele zu tun. Langsam Reisen ist eine Mischung aus philosophischen Gedanken und Neugier auf die Welt sowie auf sich selbst.

Raus aus der Muckibude

Für jede Sportart gibt es mittlerweile eine spezielle Ausrüstung: Kleidung, Accessoires und Nahrungsergänzungsmittel, meistens ist das alles ziemlich teuer. Das breite Angebot von Konsumgütern soll natürlich das Sporterlebnis bereichern und nicht den Konzern. Alternativ dazu können Hobbysportler ihren Sport meist auch ohne solche Ausrüstung auf demselben Niveau ausüben.

Noch mehr Spaß am Training hat man in der freien Natur. Mehr Sauerstoff, mehr Licht. Das alles kostet auch nix. Und muffelt auch nicht nach altem Schweiß und Gummimatten mit toxischen Weichmachern. Gönnen Sie sich und Ihrem Herzen daher einmal Erholung von der Muckibude und gehen Sie ins Grüne. Hier können Sie auch im ausgebeulten Pullover rumlaufen. Denn Sport und das Erleben der Natur machen Freude und stärken den Körper nicht nur muskulär, sondern auch mental.

Ob Wandern, Walken, Schwimmen, Strandsport oder Klettern, das Ziel ist immer das gleiche. Wir suchen Entspannung und inneren Frieden, wollen Stress bewältigen und Energie tanken. Während wir die Muskeln trainieren, möchten wir Körper wie Seele für den Alltag und ein gesundes Leben stark machen. Sport im Freien ist die gelungene Kombination aus körperlicher Anspannung und geistiger Entspannung.

Wer in den Dialog zum eigenen Körper treten möchte und Musik liebt, sollte tanzen. Mit der Sensibilität für Rhythmus und Musik lernt man, seinen Körper zu steuern. Die motorische Kreativität steigert die Konzentrationsfähigkeit sowie die Wahrnehmung des Raumes.

Zusammen mit dem Tanzpartner findet man zu körperlichem Wohlbefinden, Identität und stärkerem Selbstbewusstsein. Im Tanz verschmelzen Rhythmus, Gefühl und Bewegung. Man bildet eine Einheit mit der Musik und dem Partner, wenn man über den Körper kommuniziert. Im Idealfall versinkt man mit dem Partner in der Musik und geht gemeinsam in den Klängen auf.

Ein spanisches Sprichwort sagt: »Niemand kann mir nehmen, was ich getanzt habe.«

Couchsurfing und Couchpotatoes

Sogar die Frankfurter Allgemeine Zeitung hat das Couchsurfing entdeckt und titelte 2012: »Unterwegs in fremden Betten«. Und genau so ist es: Mein Sofa ist dein Bett, egal wo.

Weltweit sind über sieben Millionen Mitglieder registriert und täglich werden es mehr. Man reist von Couch zu Couch. Manchmal erwartet einen ein leckeres Abendessen, manchmal liegt der Schlüssel einfach unter der Fußmatte mit einem Zettel »Komme erst am Abend – mach es dir schon mal gemütlich«. Was kann trostloser sein als ein Abend allein im Hotelzimmer? Nicht jeder streift gerne allein durch Museen und Cafés. Warum alleine in einer fremden Stadt essen, wenn es so viele Leute gibt, die ihre Türen öffnen und ihre Gastfreundschaft anbieten?

Couchsurfing ist so vielfältig wie die Menschen, die mitmachen.

Man kann im Iran couchsurfen, auf Bali oder in Wanne-Eickel. Man liest das Profil des Gastgebers, nimmt Kontakt auf und verabredet sich, wenn es auf beiden Seiten passt. Es ist ein bisschen wie mit Freunden. Man zahlt nichts, aber bringt eben, wie zu Freunden, ein nettes Gastgeschenk mit: Süßigkeiten, Blumen oder einen Flasche Wein, das versteht man auf der ganzen Welt. Es geht darum, sich ein bisschen kennenlernen und ein Zuhausegefühl zu haben, Menschen am Urlaubsort kennenzulernen. Kommt man in Bali am Flughafen an, steht schon ein fröhlich winkendes indonesisches Ehepaar und holt einen ab. Man kann ja nicht überall Freunde haben. Aber es gibt auf der ganzen Welt Menschen, die einem für ein paar Tage ein Bett anbieten. Das Verhältnis guter zu schlechten Erfahrungen liegt ungefähr bei 2500 zu eins.

Stellen Sie sich vor, Sie haben einen netten und interessanten Gast aus Brasilien oder Japan, der zwei Nächte auf Ihrem Sofa verbringt – so kommt die Welt auf zwei Beinen in Ihr Wohnzimmer.

Die Deutschen lieben ihr Sofa aber auch für eigene Zwecke: 2013 sahen die Menschen in Deutschland durchschnittlich rund vier Stunden pro Tag fern. Fernsehen steht mit Übergewicht, Bewegungsmangel, schlechter körperlicher Fitness und den entsprechenden Folgeerkrankungen in Verbindung.

In der Freizeit steht die passive Beschäftigung zu Hause an erster Stelle. Darauf folgen der Konsum medialer Angebote wie Zeitung lesen, Radio hören und Surfen im Internet. Erst an dritter Stelle kommen soziale Aktivitäten: Treffen mit Freunden und Familie, gesellige Abendessen, gemeinsame Kinobesuche, Sportvereine.

Die Freizeit ist selten wirklich frei, sondern bleibt der Arbeit als Rekreationsphase untergeordnet. Man kann nicht nur tun, was man möchte. Haushalt und Familie halten einen ganz schön auf Trab. Gleichzeitig muss man sich erholen, um für den nächsten Tag wieder Energie am Arbeitsplatz zu haben. Diese sogenannte Obligationszeit, die wir für Essen, Schlafen und Baden brauchen, ist zweckgebunden.

Unsere Freizeit wird immer kürzer: Wir kaufen Möbel, die wir erst zu Hause zusammenbauen. Wir drucken unsere Tickets selbst aus. Wir führen unsere Konten online und machen den Lohnsteuerjahresausgleich für das Finanzamt. Wir kümmern uns ein bisschen um Oma oder müssen noch zum Zahnarzt. Die Kollegen rufen auch am freien Tag an. Der Chef fragt am Sonntag, wo er die Datei zum neuen Projekt findet. Wann findet überhaupt noch echte Freizeit statt?

Zeitwohlstand ist ein Luxus, eine Ressource, die immer knapper wird. Völlig ausgepowert hängen wir abends auf dem Sofa. Um zu entspannen, brauchen wir eher autogenes Training oder Meditation, Yoga, progressive Muskelentspannung und vor allem viel Schlaf. Auch Ausdauersport in Maßen wirkt sich auf die Stimmung und damit auch auf die Konzentration positiv aus.

Da Beschleunigung, Stress und Depressionen heute allgegenwärtig sind, können diese Probleme nicht so einfach gelöst werden. Individuelle Qualitätszeit durch mehr Zeitsouveränität zu ermöglichen ist auch Aufgabe der Politik, der Wirtschaft und der Gesellschaft. Jeder kann mitmachen. Ziel muss es sein, dass alle an der Gesellschaft teilhaben können, anstatt erschöpft auf dem Sofa zu liegen.

Die Kunst macht es wiedermal vor: Zwar ist die Zeit für kulturelle Aktivitäten heute äußerst knapp. Dennoch ist in Berlin die Zahl der Ausstellungsbesucher in Museen von 2002 bis 2010 um sechs Millionen gestiegen. Das ist ein Plus von 73 Prozent.

Von seinem Schlafzimmerfenster konnte Claude Monet seinen Garten sehen. Eines Morgens sagte der Maler: »Ich wende mich heute wieder unmöglich zu realisierenden Dingen zu: Wasser mit Gräsern, die sich auf dem Grund schlängeln. Bis auf die Malerei und die Gartenarbeit tauge ich zu nichts. Mein schönstes Meisterwerk ist mein Garten.«

12

BEUYS UND DIE NATUR

Über Geist und Seele

Die Welt jenseits des Menschen

Eine Eiche und ein Basaltstein. Mithilfe von freiwilligen Helfern pflanzte Joseph Beuys im Verlauf von fünf Jahren 7000 Bäume an unterschiedlichen Standorten in Kassel. Auf der documenta 7 begann Beuys 1982 seine Aktion *Stadtverwaldung statt Stadtverwaltung*: Auf dem Platz vor dem Kasseler Museum Fridericianum pflanzte er eine junge Eiche, daneben verankerte er einen Basaltstein wie eine Stele im Boden. Das Ziel von Beuys war es, ganz Kassel und Umgebung mit Eichen zu übersäen.

Dreißig Jahre später ist die weiße Hündin in Pierre Huyghes Kunst-Biotop der Star der Kasseler Documenta. Aber sie ist nicht zu sehen. Liegt sie irgendwo versteckt im Gras und schläft? Nimmt sie sich die Freiheit, nicht als Kunstwerk zu posieren? Aber halt! Kann ein Hund ein Kunstwerk sein? Der französische Künstler hat dem Tier ein Bein rosa gefärbt und es hört auf den Namen »Human«. Man fragt sich, will der Künstler uns bedeuten, dass man den Hund nicht einfach nur als Tier wahrnehmen soll? Der Titel des Gartens ist *Untilled* und bedeutet so viel wie »nicht bestellt« oder »nicht kultiviert«. Das Stück Natur wirkt tatsächlich eher verwildert, wie eine überwucherte Brache. In dem Biotop von Huyghes bricht sich die Natur unkontrolliert Bahn. Das Prozesshafte und Zufälle spielen eine wesentliche Rolle. Carolyn Christov-Bakargiev, die künstlerische Leiterin der documenta 13, stellt die Frage, »ob wir uns ein weniger anthropozentrisches Universum vorstellen können, eine Welt des Denkens und des aktiven Lebens, die nicht so sehr auf Menschen zentriert ist«.

Wie gehen wir mit der Natur um? Wir geben Industriezonen, Gewerbegebieten, Einkaufszentren und kahlrasierten

Golfplätzen unseren Lebensraum, aber wir träumen von unberührten Landschaften. Eine schöne Landschaft genießen zu wollen steht für fast 90 Prozent der Deutschen ganz oben auf der Rangliste der Reisemotive, egal ob sich einer ausruhen oder radeln will. Unsere Städte und Ballungsräume überwuchern sich gegenseitig, aber wir sehnen uns nach der Idylle eines palmengesäumten Strands oder der Herrlichkeit der Berge. Wir fahren zum Wandern in die Alpen und wissen nichts vom Naturschutzgebiet in unserer Heimat. Ein rustikaler Bauer wirbt auf einer blühenden Wiese mit glücklichen Kühen für einen Käse aus Bayern, dabei ist der Käse ein verkleistertes Hochtechnologieprodukt aus Analogstoffen, angereichert mit künstlichen Aromen. Die Nahrungsmittelindustrie lockt sogar mit der mythischen Qualität von wild wachsendem Holunder in der Marmelade der Marke »Hofladen« und behauptet, dass die eingemachte Beere Haus und Hof schützen würde. Schützt Holunder auch schattige Einraumwohnungen in Halle an der Saale und Kühlschränke oder vertreibt er den Burn-out aus Königstein im Taunus? Geländewagen werden nicht nur mit schönen Frauen, sondern mit Bildern von wilden Wasserfällen beworben. Reisen in die endlosen Landschaften der Mongolei werden als organisierte Jeep-Tour angeboten. Trotzdem werden in Deutschland täglich rund 80 Hektar Land in Siedlungs- und Verkehrsflächen umgewandelt, mit der Begründung, dass die Industrie und damit auch unsere Arbeitsplätze sonst gen Fernen Osten auswandern. Naturinseln mitten in der Stadt wie das Tempelhofer Feld in Berlin bieten erholsame Freiflächen, aber die Stadtplaner beeilen sich, für das Feld Bebauungspläne zu erstellen. Ein Volksbegehren ist notwendig.

Unser Dilemma ist, dass wir alle beteiligt sind: Jeder ist

gegen Autobahnen – und doch jeden Tag froh, schnell mit dem Auto voranzukommen. Es ist nicht einfach, asketisch oder zurückgezogen zu leben und Alternativen zu praktizieren. Wir sind alle Teilhaber dieses Komforts und dieser Möglichkeiten. Alternativlösungen sind zum Greifen nahe.

Die Deutschen und der Wald

Wir verehren die Natur, aber verhindern sie. Diese Haltung ist ein Symptom einer Art intellektueller Schizophrenie und wurzelt in der Geschichte. Spätestens seit der Romantik wird die Natur von den Dichtern pathetisch besungen. Jean-Jaques Rousseau ist durch seine Kritik an der modernen Zivilisation und durch den ihm unterstellten Ausspruch »Zurück zur Natur!« berühmt geworden. Tatsächlich wollte er mit seiner Kulturskepsis darauf hinweisen, dass der Mensch durch eine von der natürlichen Ordnung sich immer weiter entfernende Lebensweise sich selbst entfremde und damit unglücklich mache. Damit hat er die Französische Revolution wesentlich beeinflusst.

In Deutschland besingen die Dichter den Wald: »O Täler weit, o Höhen, o schöner grüner Wald, du meiner Lust und Wehen andächt'ger Aufenthalt«, schreibt Joseph von Eichendorff. Die Romantik verklärt den Wald. Caspar David Friedrichs stimmungsvolle Landschaftsbilder verbinden Todessehnsucht und Schwermütigkeit, aber auch die Heilserwartung im glühenden Sonnenaufgang.

Der Wald steht aber auch für die schicksalhafte Macht, die sich jeden Moment ins Furchterregende wenden kann. Der Wald ist dunkle Wildnis und bedrohlich. Er kann auch Ort des

Protestes, Revier von Räubern und Wilderern sein. So wird er zum Gegenort zur zivilisierten Welt. Im Wald lebt der Einsiedler, er lehnt die Gemeinschaft der Menschen ab, will sich zurückziehen und kann nur allein in der Natur die reine Spiritualität finden.

Auch in der Zeit der Romantik ist der Wald schon nicht nur einfach der Ort schwärmerischer Innerlichkeit. Im 19. Jahrhundert schreiben und malen die Künstler schon gegen die aufziehende Industrialisierung an. Die Schlote qualmen, die Maschinen rattern, der Fortschritt tobt. Rohstoffe in riesigen Mengen werden gebraucht, müssen transportiert werden. Die Zerstörung von Landschaft und Heimat verbindet sich mit großen sozialen Problemen. Die heile Welt des Waldes wird zu einem Symbol für ein aus den Fugen geratenes Industriesystem, das seine Grenzen überschritten hat. Welch eine Diskrepanz. Hier die Sehnsucht nach der Mystik des Waldes, gleichzeitig aber ein geschäftiges Aufwühlen der Erde auf der Suche nach Bodenschätzen oder zum Verlegen von Rohren und Gleisen. Die Fortsetzung findet dieser Widerspruch in der Blut-und-Boden-Ideologie des Nationalsozialismus. Die deutsche Eiche steht bis heute für braunes Gedankengut.

Die Hippies entdecken die Natur mit Blümchen im Haar in den 1960er Jahren wieder und bereiten Wege für die ökologische Alternativbewegung. Unsere Wahrnehmung der Natur verändert sich ständig.

Wie nehmen wir heute die Natur im Alltag wahr?
Mit der Gießkanne auf dem Balkon,
mit dem knatternden Rasenmäher im Garten
oder wenn die Katze friedlich auf unserem Schoß
eingeschlafen ist und schnurrt?

Noch bis in die siebziger Jahre hatten viele zumindest über Verwandte ein unmittelbares Verhältnis zur Landwirtschaft. Nun kaufen wir restlos alles in Plastik verpackt im Supermarkt und haben Angst vor der Klimakatastrophe, der atomaren Verstrahlung, der Vergiftung durch Pestizide und der Gentechnologie. Alle Themen werden höchst emotional diskutiert. Man sieht die Rettung in der Nachhaltigkeit. Da sind sich schon fast alle einig. Eine Formulierung hat verweichlichten Konsens gefunden.

Denn ökologische Verantwortung muss bequem sein, darf nicht wehtun – sie muss gleich selbst als Wirtschaftsfaktor verkauft werden. Es muss erklärt werden, dass sie das Einkommen einer Region und ihr Image steigere, neue Infrastrukturen und damit neue Arbeitsplätze schaffe. Ein Naturschutzpark muss mindestens kostenneutral sein. Stadtmarketinggesellschaften sind auf der Suche nach dem Alleinstellungsmerkmal ihrer Kommune und vermarkten die landschaftlichen Vorzüge.

Wieweit wollen wir die Natur beherrschen?

Genau diese Frage stellte die Kunstinszenierung von Pierre Huyghe auf der documenta 13, in der sich Flora und Fauna dem Machtwillen des Menschen entziehen. Tiere und Pflanzen kommunizieren ohne ihn. Fledermäuse haben Radar. Fische und Vögel können über Kontinente navigieren und kommen immer zielsicher am Ort ihrer Geburt an. Tiere geben dem Menschen eine Ahnung davon, dass sich die Welt auch ganz anders organisieren ließe.

Beuys knüpfte mit dem Titel *7000 Eichen* an die Symbolik der Französischen Revolution an, die in neu gepflanzten Eichen den Freiheitsgedanken ausdrückte. Zugleich spielte er auf den diskreditierten Mythos der deutschen Eiche an.

Beuys' Aktion war mehr als ein Statement gegen die zunehmende Verstädterung. An dem Zusammenspiel von Grün und Grau, Baum und Stein war es für Beuys von Bedeutung, »dass jedes einzelne Monument aus einem lebenden Teil besteht, eben dem sich ständig in der Zeit verändernden Wesen Baum, und einem Teil, der kristallin ist und also eine Form, Masse, Größe, Gewicht beibehält.«

Die *7000 Eichen* sind eine Skulptur, die sich über ganz Kassel erstreckt. Mit einem Blick ist sie nicht zu erfassen. Auch als »Soziale Plastik« ist sie unsichtbar und wirksam zugleich: Die fünfjährige Aktion hat alle Beteiligten verändert: Unterstützer und Skeptiker, Interessierte und freiwillige Helfer. Bis heute prägen Beuys' Bäume und Basaltsteine das Kasseler Stadtbild. Jenseits von Museum und Kunstmarkt findet dieses Werk im täglichen Leben und individuellen Bewusstsein statt.

Heute ist tatsächlich eine Mehrheit der Bundesbürger alters- und weltanschauungsübergreifend davon überzeugt, dass die landschaftliche Schönheit und Eigenart unserer Heimat erhalten bleiben soll. Das Lebensrecht von Pflanzen und Tieren sei zu achten, das ist gesetzlich verankert.

Der Deutsche Naturschutzring e.V. ist der Dachverband der in Deutschland tätigen Umwelt- und Naturschutzverbände. Er hat heute fast 100 Mitgliedsverbände mit zusammen mehr als fünf Millionen Einzelmitgliedschaften. Das Engagement für die Natur ist groß.

Mit der Natur leben

Bewegung in freier Natur und an frischer Luft ist Balsam für die Seele. Im Wald, am Wasser oder in den Bergen kann man ganz zu sich selbst finden. Die Jahreszeiten wahrnehmen. Ein Spaziergang in der Natur verlangsamt die Zeit. Wir können uns entschleunigen, Stress abbauen und die Sorgen mal vergessen. Die Natur erleben und bei sich ankommen, Ruhe und Gelassenheit finden.

Wir leben fast alle in Gebieten mit hoher Bevölkerungsdichte. Die meiste Zeit sind wir von Technik, Häusern und Autos umgeben. Wir wachsen inzwischen in einer digitalen Welt auf, einer irrealen Welt, die uns die Möglichkeit nimmt, echte, sinnliche und sinnvolle Erfahrungen mit der Natur zu haben. Durch die Verbannung der Natur aus unserem täglichen Leben entfremden wir uns nicht nur mehr und mehr von natürlichen Lebensabläufen, sondern auch von uns selbst.

Wir alle sind Teil der Natur. Deshalb sollten wir uns mit ihr verbinden und mit Respekt all die Gaben, die sie für uns bereithält, empfangen. Wir leben viel zu oft am Eigentlichen vorbei und vergessen die Natur um uns herum zu genießen.

Von fehlender Lebensfreude und vielen Ermüdungserscheinungen können wir uns befreien, wenn wir uns Zeit nehmen und in die Natur gehen. Das ruhige, achtsame Gehen in der Natur. Gehmeditation. Wenn wir zum Bespiel einen besonderen Platz im Wald durch alle Jahreszeiten hindurch beobachten, lernen wir diese Stelle so gut kennen, dass wir auf diese Weise Stück für Stück ein Teil von ihr werden. Wir lernen die eigene innere Begrenztheit aufzuheben. Die verschiedenen Lichtsituationen, bei Sonnenschein, bei Nebel und am Abend, oder das Sprießen des ersten Grüns im Frühling, die Zeit der Samen und Früchte oder wenn der Boden ganz unter Schnee und Eis ruht und gar nicht mehr zu sehen ist.

Wir tanken Licht. Gerade wenn es draußen kalt und ungemütlich ist, hat der Körper Sonnenlicht und Frischluft besonders nötig. Denn Dunkelheit und Heizungsluft machen müde und dämpfen die Stimmung. Eine halbe Stunde an der Sonne wirkt Wunder. Indirekt stabilisiert Licht die Werte des sogenannten Glückshormons Dopamin und des Gewebshormons Serotonin.

Unser ganzes Dasein beruht auf den Schätzen der Natur. Alles Leben auf der Erde ist untrennbar mit der Sonne verbunden. Unsere gesamte Existenz ist vom Kraftwerk Sonne abhängig. Ohne Licht und Wärme gäbe es kein Pflanzenwachstum, ohne Pflanzen kein menschliches Leben. Selbst die Rohstoffe, die unsere Wirtschaft und unsere Lebensweise erst ermöglichen – Holz, Kohle, Öl –, sind nichts anderes als konservierte und umgewandelte Sonnenenergie. Und jeder kennt das Gefühl, wenn nach langen dunklen Wintertagen plötzlich wieder die Sonne scheint. Man fühlt sich wohler, energiegeladener und ist fröhlicher.

Im Sommer mal draußen zu schlafen, unter freiem Himmel, und die ganze Nacht die Sterne über sich zu haben gibt einem Freiheitsgefühle. Im Freien übernachten, in einer Höhle, an einem Wasserfall, im Wald, an einem See, auf einem Berg – und man kommt der Natur wirklich nahe.

Geben Sie einem Tier Platz in Ihrem Leben. Schon Loriot sagte: »Ein Leben ohne Mops ist möglich, aber sinnlos«. Tiere sind Teil dieser Natur. Während ich hier schreibe, liegt mein Kater müde von seinem Ausflug in die Gärten auf meinem Schoß und schnurrt.

Es gibt nichts zu erreichen

Abschalten, wenn die Gedanken kreisen – wie kann das gehen? Meist zwingen uns unsere Gedanken zu Handlungen: »Noch schnell die Mail schreiben«, »Ich muss heute noch einkaufen gehen«, »Nicht vergessen, die Reifen zu wechseln«.

Oft wird Meditation mit einem religiösen Element oder einer spirituellen Dimension verbunden, was gar nicht notwendig ist. Im Grunde erzeugt der Meditierende eine physiologische Reaktion. Der Parasympathikus des vegetativen Nervensystems ist während der Meditation aktiver als sonst im Alltag. Er versetzt den Körper in einen dem Schlaf verwandten Ruhezustand.

Die angestrebten Bewusstseinszustände werden, je nach Tradition, unterschiedlich mit Begriffen wie Stille, Leere, Panorama-Bewusstheit, Einssein, im Hier und Jetzt sein oder frei von Gedanken sein beschrieben.

Meditation ist der Sammelbegriff für eine Vielzahl von mentalen Verfahren. In östlichen Kulturen gilt sie als eine grundlegende und zentrale bewusstseinserweiternde Übung. Wer die Übung kennt, dem fällt es auch im Alltag leichter, nicht mit den Gedanken zu rotieren, sondern sie zu steuern und sich auf eine Situation zu konzentrieren. Die Psyche wird ruhiger.

Meditationen haben nur das Ziel der vollen Befreiung des Geistes in einem mühelosen Verweilen im Augenblick: das Sehen von dem, was ist. In dieser Achtsamkeitsübung lernt man, die Gedanken und Gefühle vorübergehen zu lassen, ohne sie ernst zu nehmen oder auf sie einzugehen. Auf diese Weise entwickelt man auch im Alltag Freiheit. Wir haben die Möglichkeit, durch Meditation Ängste zu dämmen und uns nicht von eigenen destruktiven Gedanken beherrschen zu lassen. In der Meditation dehnen wir die Zeit.

Der japanische Zen-Meister Shunryu Suzuki sagte zu seinem Schüler: »Zen ist nicht etwas Aufregendes, sondern Konzentration auf deine alltäglichen Verrichtungen.« Achtsamkeit ist tief im Zen-Buddhismus verwurzelt. Zen meint eine Konzentration, ein Gesammeltsein des Körpers und des Geistes. Zen ist auf das Sein und das Tun ausgerichtet.

Wir streicheln unseren Hund und denken daran, noch die Mail zu schreiben, wir schreiben die Mail und denken an den Film, den wir gestern gesehen haben. Wir schneiden Gemüse und denken an die Prüfung. Wir fahren Auto und denken an den Ärger im Büro. Zen kann diese Ungleichzeitigkeit lösen. Zuletzt vermag man sogar zu essen und die Speisen zu schmecken oder morgens zu duschen und nur den eigenen Körper unter dem Wasser wahrzunehmen. Zen ist nichts Besonderes. Es hat kein Ziel. Heute wird die jahrtausendealte Weisheit der buddhistischen Achtsamkeitsmeditation mit modernen Erkenntnissen der Verhaltensmedizin und Stresstheorie verbunden. Die Technik der Achtsamkeit ist eine effektive Selbsthilfemethode und dient zur Bewältigung von Stress. Die Anwendungsmöglichkeiten reichen bis weit in die Entwicklung gesundheitsförderlicher Lebensführung hinein. Meditation ist ein Geschenk des Geistes an sich selbst.

Buddhistische Nonnen und Mönche putzen ihre Klöster und Zimmer in der Regel selbst, weil die einfache Arbeit mit den Händen den Geist befreit. Das ist die Arbeit, die uns erdet.

Zen bedeutet, das Leben zu leben – in seiner ganzen Fülle. Der unmittelbare Zugang zu diesem Einfachsten von allem ist so schwierig, weil die Gedanken im Kopf niemals schweigen. Die Zen-Praxis besteht aus der Konzentration auf den Moment. Dies bedeutet, dass man sich auf die Aktivität, die man gerade in diesem Augenblick ausübt, vollkommen konzentriert, ohne dabei irgendwelchen anderen Gedanken nachzugehen.

Der Zen-Meister Ikkyū Sōjun soll zu einem Verzweifelten gesagt haben: »Ich würde gerne irgendetwas anbieten, um dir zu helfen, aber im Zen haben wir überhaupt nichts.« Man sagt, Zen bietet nichts: keine Lehre, kein Geheimnis, keine Antworten. Auf diese Weise kann sich die Erkenntnis der absoluten Realität einstellen. Indem während des Übens die Flut der Gedanken zur Ruhe kommt, wird das Erleben von Stille und Leere möglich. Die Frage nach dem Sinn des Lebens wird aufgehoben, die Kontingenz der eigenen Existenz, das In-die-Welt-geworfen-Sein kann angenommen werden. Vollkommene innere Befreiung ist die Folge: Es gibt nichts zu erreichen, nichts zu tun und nichts zu besitzen. Jeden Augenblick unseres Lebens können wir auf diese Weise genießen. Wir können immer in einem Moment angekommen sein.

An der roten Ampel, im Fahrstuhl, beim Essen, überall. Jeder Augenblick bietet uns die Möglichkeit, Präsenz zu fühlen und Aufmerksamkeit für die Tiefendimension des Lebens zu haben, unser Dasein in der Zeit wahrzunehmen. Damit entschleunigen wir unseren Alltag. Für einen langen Moment die Zeit anhalten.

Die Natur macht es uns vor und sie hilft uns. Nichts ist so erholsam wie ein paar Stunden in der freien Natur.

Heitere Gelassenheit

Um Wichtiges von Unwichtigem zu unterscheiden, brauchen wir die Konzentration auf der Basis innerer Ruhe. Erst die innere Ruhe schärft die Wahrnehmung. Wenn wir Krisen und Probleme aus einem entspannten Blickwinkel betrachten können, ist ein kluges Handeln möglich.

Gelassenheit und Besonnenheit sind nicht nur die Fähigkeit, Ruhe zu bewahren, sondern eine innere Einstellung. Sie ist das Gegenteil von Spannung, Aufgeregtheit, Nervosität und Überbelastung. Aus innerer Unruhe und Angst heraus sieht man vieles als bedrohlich, tragisch, furchtbar, katastrophal und verliert den Überblick.

Wir müssen uns nicht krampfhaft an etwas festhalten oder – häufig wider besseres Wissen – auf etwas versteifen. Gelassenheit geht mit innerer Ruhe und ehrlicher Offenheit einher.

Diese Offenheit macht uns intellektuell neugierig, aufmerksam für eigene und fremde Emotionen und wir sind bereit, traditionelle Werte in Frage zu stellen. Gelassenheit bedeutet abwägendes Nachdenken, Einfühlungsvermögen, Umsicht und vorausschauendes Handeln. Diese Gelassenheit gibt uns Kraft.

Oft verbindet sich Gelassenheit mit Heiterkeit – eine stille, von innen heraus leuchtende, erfrischende Fröhlichkeit, keine laute, lärmende Lustigkeit.

Gelassenheit und Heiterkeit geben uns wertvolle Freiheiten. Wir können die Umgebung sein lassen, wie sie ist, und haben das Vermögen, andere in ihrer Eigenart zu akzeptieren.

Aus der Position der Gereiztheit fühlt man sich getrieben und entwickelt eine aggressive Konfrontationsbereitschaft, selbst bei nichtigen Anlässen. Stress und Angst beeinträchtigen das Urteilsvermögen und begünstigen falsche Einschätzungen und Bewertungen. Alles wird nur noch eingeschränkt und selektiv wahrgenommen.

Wer in sich ruht, ist nicht so leicht aus der Ruhe zu bringen, der kann andere Positionen stehen lassen und muss sie nicht abwerten, bagatellisieren oder rationalisieren. Die Hirnforschung erklärt den Mechanismus so: Wenn im frontalen Cortex die Erregung zu groß wird, übernehmen die archaischen Notfallprogramme aus den tiefer liegenden Hirnbereichen das Kommando. Damit stehen nur noch zwei Verhaltensalternativen zur Auswahl: Angriff oder Flucht, komplexe Leistungen sind nicht mehr möglich.

Mit einer positiven Lebenseinstellung haben wir höhere Chancen, unsere wahren Ziele zu entdecken. In entspannter Gelassenheit können wir bessere Entscheidungen treffen und leichter unseren individuellen Weg zum Glück aufspüren.

Mehr Muße

Die Muße ist zu einer Kunst geworden, die allmählich ausstirbt. Schon das Wort wird kaum noch verwendet. Heute gönnt man sich ein Wellness-Wochenende und liegt damit ganz im Trend. Aber frei von Zielen und Pflichten fühlen sich die wenigsten.

Müßiggang ist faules Nichtstun, Stress ist schick. Wer Zeit hat, ist unwichtig, hat nichts zu tun und ist schon aus der Gesellschaft gefallen. Die anderen schieben ihren Zeitmangel wie eine Bugwelle vor sich her. Der vollgestopfte Terminkalender scheint einem Bedeutung zu verleihen, man hat lauter wichtige Sachen zu tun.

Wer von gestressten Menschen umgeben ist, kann sich selbst davon nicht plötzlich ausnehmen und zum entspannten Müßiggänger werden. Das Gefühl des ständigen Gehetztseins ist kein persönliches, sondern ein kollektives Problem. Wir fühlen uns immer getriebener und sehnen uns nach Ruhe. Zugleich fürchten wir nichts so sehr wie das Nichtstun und die Langeweile. Wir sind in einem dröhnenden Aktionismus gefangen, der uns ständig vorwärtspeitscht.

Der permanente Druck zu Effizienz, Effektivität und Erlebnishunger reicht bis in die Wochenenden und den Urlaub hinein. Alles, was in der Arbeitswoche zu kurz kam, muss intensiv nachgeholt werden. Die Familie, Sport und Kultur. Sofort werden wieder Termine und Freizeitaktivitäten gestapelt. Ruhe und Genuss kommen nicht auf.

Wir haben so viele Möglichkeiten und haben ständig Angst, etwas zu verpassen und abgehängt zu werden. Nicht dabei gewesen zu sein, diese Blöße wollen wir uns doch nicht geben. Wir bauen uns selbst einen permanenten Erwartungsdruck auf.

Die Freizeitindustrie lockt mit unendlich vielen Angeboten. Man besucht eine Gartenmesse weit entfernt und rast über die Autobahn, die Freunde heiraten lieber auf Mallorca als in Wolfsburg, die Sauna bietet einen mediterranen Abend und nirgendwo sind die Strände schöner als in der Südsee.

Die unendliche Vervielfältigung der Möglichkeiten enthält immer auch ein Glücksversprechen. Mit dem richtigen Brotaufstrich kaufen wir eine heile Welt. Glückliche Familien sitzen am Küchentisch. Alle lachen, alle sind gut gelaunt, munter und lieb. Wie können wir nur widerstehen und dieses modifizierte Fett nicht kaufen? Das coole neue Handy in Platinsilber gibt mir doch ein ganz anderes Lebensgefühl!?

Je größer die Auswahl, umso mühsamer die Entscheidung. Mit jeder Entscheidung muss man auf alle anderen Alternativen verzichten. Und leider schmerzen uns Verluste mehr, als Gewinne uns freuen.

Aber Muße ist kein verschwenderischer Luxus, sondern Hirnforscher erklären die Muße zu einem Zustand, den wir zur Regeneration dringend benötigen. Neurobiologische Experimente beweisen, dass unser Gehirn Zeiten des Nichtstuns nötig hat. Dieser Leerlauf im Kopf sorgt für unsere geistige Stabilität.

Müßiggang ist vieler Ideen Anfang.
Schöpferische Einfälle kommen einem am ehesten dann,
wenn man sie nicht zu erzwingen versucht.

Aber Muße zu instrumentalisieren würde bedeuten, sie ihres inneren Kerns zu berauben und sie einem Nützlichkeitsdenken zu unterwerfen. Muße wäre dann nichts anderes als eine funktionelle Methode, um die Schaffenskraft wiederherzustellen. Wer Muße aber als Zeit für Wellness und Fitness versteht, unterwirft sie prompt wieder jenem Nützlichkeitsdenken, das bereits unseren gesamten Arbeitsalltag regiert.

Zeit der Muße ist eine Eigenzeit. Muße kann vieles sein, ein ruhiger Abend mit dem geliebten Menschen, musizieren, malen, lesen, kochen, im Garten arbeiten, etwas, worin wir ganz aufgehen. Man muss sich entscheiden, sich Zeit für Muße zu nehmen, und einen weißen Fleck im Terminkalender stehen lassen. Muße um ihrer selbst willen.

Muße gibt uns die Freiheit, uns um das Wesentliche zu kümmern und ein genussvolleres, sinnliches und erfülltes Leben zu führen.

Muße gestattet es uns, Krisen und Probleme mit entspanntem, konzentriertem Denken und Handeln zu bewältigen. Muße gibt uns die Möglichkeit, Wichtiges von Unwichtigem zu unterscheiden, sie klärt und schärft den Blick.

Leben heißt Schlafen

Alle tun es. Bei Tag und bei Nacht. Fast alle Lebewesen müssen schlafen. Menschen, Tiere, möglicherweise sogar Pflanzen. Ohne Schlaf funktioniert kein Leben.

Trotzdem gibt der Schlaf Rätsel auf. Evolutionstheoretisch bedeutet der Schlaf eine Gefahr: Schlafende Wesen sind Angreifern zunächst schutzlos ausgeliefert. Die schlafende Spezies ist bedroht. Warum dennoch fast alles, was läuft, krabbelt, fliegt und schwimmt, auch schläft – vom Wal bis zur Ameise –, ist für die Wissenschaft noch immer ein Geheimnis.

Trotzdem versuchen wir Schlaf einzusparen, weniger zu schlafen als nötig. Unser Leben ist so überfüllt, dass wir für den Schlaf keine Zeit haben.

Schlafdefizite führen zu subjektivem Unwohlsein und kognitiven Leistungseinbußen. Wir fühlen uns antriebslos, abgeschlagen und matt. Denn auch wenn Schlaf durch eine sehr geringe körperliche Aktivität und eine kaum vorhandene Wahrnehmung der Umwelt gekennzeichnet ist, handelt es sich dennoch um eine aktive, in hohem Maße organisierte Abfolge von Ereignissen und von physio- und neurologischen Zuständen. Schlaf ist für das menschliche Leben von vitaler

Bedeutung. Chronischer Schlafmangel kann tödlich enden. Schlafentzug ist eine kostengünstige Foltermethode.

Wir schlafen, weil wir müde sind. Warum wir allerdings müde werden, ist nicht genau bekannt. Eine einfache Erklärung gibt es nicht. So viel ist aber sicher: Schlaf ist für die Funktionsfähigkeit des Gehirns und das Überleben des gesamten Organismus notwendig.

Eine der zentralen Funktionen des Schlafs könnte die Abfallbeseitigung im Hirn sein. Das Reinigungssystem des Gehirns wird vor allem im Schlaf aktiv. Der Botenstoff Noradrenalin reguliert die Größe der Nervenzellen und ihrer Zwischenräume. Im Schlaf weitet sich der Raum zwischen den Nervenzellen, sodass die Gehirnflüssigkeit wesentlich schneller und effektiver durch die Zwischenräume fließen kann. Dabei spült sie Schadstoffe aus, darunter auch das Protein Beta-Amyloid, das an der Entstehung der Alzheimerkrankheit beteiligt ist. Während der normalen Funktion, in der Zeit des wachen Gehirns entstehen toxische Abfallprodukte im Gehirn, die im sogenannten »Arbeitsmodus« nicht entfernt werden können. Erst der Schlaf ermöglicht ein gründliches Aufräumen und sorgt dafür, dass sich die schädlichen Stoffe nicht sammeln und das Gehirn schädigen. Im Schlaf verändert sich die zelluläre Struktur des Gehirns. Es scheint in einen komplett anderen Zustand überzugehen.

Genügend Schlaf steigert deutlich das Wohlbefinden, die Konzentration und die Gesundheit. Es gibt kein allgemein gültiges Schlafmaß. Die durchschnittliche Schlafdauer für Erwachsene beträgt sieben bis acht Stunden. Es gibt aber Menschen, die sich schon nach fünf Stunden gut erholt fühlen, während andere wiederum über zehn Stunden benötigen, um sich tagsüber ausgeruht zu fühlen. Das Schlafbedürfnis richtet sich auch danach, wie viele Stunden es hell ist. Das Hormon Melatonin steuert unsere Rhythmen. Das Gehirn produziert es in Dämmerung und Dunkelheit, Licht blockiert die Produktion. Deshalb wird man in Herbst und Winter, wenn das Tageslicht schon am Nachmittag schwindet, früh müde und erst am Vormittag, nachdem die Sonne aufgegangen ist, richtig munter. Auch heutzutage haben die Menschen im Sommer ein geringeres Schlafbedürfnis. Im Winter dagegen folgen wir nicht dem natürlichen Rhythmus, sondern richten uns nach den gängigen Arbeitszeiten. Künstliches Licht ermöglicht das Leben gegen die innere Uhr.

Der Wecker reißt uns meistens aus dem Schlaf. Haben Sie gestern auch beim Klingeln des Weckers gedacht: Warum klingelt der mitten in der Nacht?

Es scheint ein unhaltbarer Luxus geworden zu sein, dem eigenen Körper die Entscheidung zu überlassen, wann er ausgeschlafen hat. Dabei können Sie Ihren eigenen Schlafrhythmus trainieren und ohne Wecker wach werden.

Wenn man weiß, wie viele Stunden Schlaf man braucht, lässt sich ausrechnen, wann man zu Bett gehen sollte. Man muss dem Körper nur die Freiheit schenken genug schlafen zu dürfen.

VICTORY BOOGIE WOOGIE

Lebensfreude und Freiheit

Eine solch stringente Aufgeräumtheit, wie Mondrian sie in seinen Rasterbildern über Jahrzehnte zelebriert hat, ist kaum in ein gelebtes Leben zu übertragen. Als höchst komplexes, neugieriges und intelligentes Lebewesen braucht der Mensch mehr Lebendigkeit und Abwechslung.

Selbst Mondrian ist am Ende seines Lebens doch von seinen streng geordneten Kompositionen abgewichen und bezieht die Musik in sein Werk ein. Im Exil in New York, im Jahr 1942, beginnt er das Gemälde mit dem Titel *Victory Boogie Woogie*. Er löst die großen Farbflächen und die schwarzen Streifen in viele kleine Mosaike auf. Außerdem dreht er die gesamte Leinwand samt Rahmen um 45 Grad. Sie steht nun auf der Spitze. Mondrian lässt verschiedene Grautöne zu, und sogar das Gelb und das Rot werden variiert. Mondrian überwindet auf diese Weise die früheren strengen Kompositionen zugunsten einer neuen musikalischen Rhythmisierung des Motivs. Mondrian tanzte gern und die fröhliche, dynamische Rhythmik des Boogie-Woogie in New York überträgt er auf die Leinwand. Das »Victory« im Titel verweist auf den erhofften Sieg der Alliierten im Zweiten Weltkrieg hin. Piet Mondrian stirbt im Februar 1944. *Victory Boogie Woogie* ist sein letztes und unvollendetes Gemälde.

Bis zu seinem Lebensende ist Mondrian auf der Suche nach dem ultimativen Bild. Am *Victory Boogie Woogie* malte Mondrian über zwei Jahre, er ringt mit der Komposition. Klebeband ersetzt die schwarzen Gitterstrukturen, so kann er das Bildkonzept immer wieder verändern. Schließlich erscheinen die schwarzen Rasterstreifen auf dem Gemälde auch gar nicht mehr.

Hans Locher, der Direktor des Stadtmuseums von Den Haag, formulierte es 1995 so: »Der *Victory Boogie Woogie* ist die triumphierende Antwort auf den Zweiten Weltkrieg. Das berühmte Guernica von Picasso ist das Bild schlechthin für Gewalt und Kriegsopfer im 20. Jahrhundert geworden. Nun, *Victory Boogie Woogie* von Mondrian ist das Bild schlechthin für den Sieg von Lebensfreude und Freiheit.«

Experimentieren ist auch für uns auf der Suche nach alternativen Glücksmodellen angesagt. Wie in Mondrians Werk gibt es kein ultimatives Konzept. Alles ist ständig in Bewegung.

Jeder kann sein eigenes Modell bauen und verändern, denn es gibt viele Wege der Lebenskunst. Jeder kann mitmachen, jeder auf seine Weise, in kleinen Schritten: neue Modelle ausdenken oder gleich realisieren, sich in gemeinschaftliche Strukturen einbringen, Horizonte erweitern, Denkfabriken gründen.

Das kann mit dem großen Ausmisten der Wohnung beginnen oder eine kleine Imkerei sein, das Engagement in der Stadtentwicklung, die Beteiligung an solidarischer Landwirtschaft oder einem Tauschring, Meditation, Couchsurfing oder der Verkauf des eigenen Autos. Auf einen Schritt folgt der nächste. Der Anfang ist das Wichtigste. Fangen Sie an! Raus aus dem altem Trott! Rein ins volle Leben!

Haben Sie keine Angst, vom Mainstream abzuweichen. Die Tendenzen des Mainstream sind in großen Bereichen zerstörerisch. Allein auf der individuellen Ebene sind diese alternativen Glücksmodelle allerdings nicht umzusetzen.

Eine globale Kultur ist im Entstehen begriffen. Sehr unterschiedliche gesellschaftliche und weltanschauliche Systeme prallen überall aufeinander und relativieren sich. Altgewohnte Strukturen erweisen sich zunehmend als fehlerhaft und rufen nach Erneuerung. Erstmals in der Menschheitsgeschichte steht uns das geistige und kulturelle Erbe aus allen ethnografischen Räumen und Epochen schnell und beweglich zur Verfügung – frei zugänglich für jedermann, vor allem über das Internet. Der ungehinderte Austausch von Informationen hat zu rasanten Entwicklungen in Wissenschaft und Technik geführt. Darin stecken so viele Chancen. Beispielsweise können wir aus den komplexen Fehlentwicklungen der Megacitys in Asien und Lateinamerika lernen. Wir können uns mit dem Dachgärtner in Mumbai oder New York austauschen. Wir können uns einen Job in Thailand suchen und einen Gastgeber in Rom finden.

Auf der Suche nach einer gelingenden Zukunft in einer zukunftsfähigen Welt müssen wir nicht in Alternativlosigkeit erstarren. Ganz und gar nicht.

Was ist Glück?

Bhutan, ein kleines Land tief im Himalaja, zwischen Indien und China gelegen, ist der einzige Ort der Welt, wo das Glück der Menschen wichtiger ist als wirtschaftlicher Erfolg. In seiner Verfassung hat Bhutan ein Wirtschaftsmodell verankert, das nicht wachstumsorientiert ist. Dafür wurde das Bruttonationalglück zum Staatsziel erhoben und der Versuch unternommen, den Lebensstandard in breit gestreuter, humanistischer und psychologischer Weise zu definieren. Auf der Basis unkomplizierter Regierungs- und Verwaltungsstrukturen sollen in Bhutan eine sozial gerechte Entwicklung der Gesellschaft und Wirtschaft gefördert, die kulturellen Werte bewahrt und die Umwelt geschützt werden.

Wir leben aber nicht im Himalaja und die Deutschen haben es im World Happiness Report der UN noch nie unter die Top Ten der Glücklichsten geschafft. Die Studie wertet Daten von Sozialsystemen und dem Arbeitsmarkt aus. Außerdem finden Befragungen statt. Demnach sind die Lebenserwartung und das Bruttoinlandsprodukt pro Kopf entscheidende Faktoren für das Glücksempfinden der Menschen weltweit. Auch Freundschaften und die Freiheit, eigene Entscheidungen zu treffen, sind wichtig für unser Glück. Die Glücksforschung hat festgestellt, dass Demokratie glücklich macht. Wir brauchen politische Rechte, um darüber mitbestimmen zu können, wie wir leben wollen. Je mehr Korruption in einem Land herrscht, desto unglücklicher sind seine Bewohner.

Es gibt also eine einfache Formel, die Glück definiert: Menschen überall auf der Welt fühlen sich glücklich, wenn sie ihre Lebensziele erreichen können. Aber was ist ein Lebensziel?

Wir haben Talente und Begabungen, die wir in Taten umsetzen möchten. Wir brauchen eine Aufgabe. Ob sozial und karitativ oder introvertiert und kreativ – Menschen sind soziale Wesen. Einer Gruppe anzugehören, Teil einer Gemeinschaft zu sein erfüllt uns mit Glück. Geben und nehmen. Bestätigung zu erhalten, Gefühle auszutauschen, Gespräche zu führen und zu helfen gibt uns Sinn, Schutz und Geborgenheit. Unsere sozialen Beziehungen fördern Glück und Zufriedenheit, also Faktoren, die kein Geld kosten. Es trägt erheblich zu unserer Zufriedenheit bei, wenn wir jeden Tag wenigstens 15 Minuten mit einem Menschen verbringen, den wir mögen. Ausgrenzung und Missachtung führen zu seelischen Störungen. Die Verweigerung von Anerkennung, Respekt und Einbindung in die Gemeinschaft empfinden wir als Strafe.

Ein soziales Wesen zu sein bedeutet aber auch die Gefahr, sich permanent mit anderen zu vergleichen und sein persönliches Glück nicht zu finden, weil man in der Überbietungsdynamik untergeht. Eine blinde Steigerungserwartung suggeriert, dass jeder auch immer das bekommen könnte, was er sich wünscht. Umso größer ist die Frustration, es nicht zu erreichen, zu scheitern oder zu versagen. Um zufrieden zu sein, sollte man seine Möglichkeiten realistisch einschätzen und die Erwartungen anpassen. In Einklang mit sich zu leben macht glücklich.

Wir leben in einer Gesellschaft, die auf Konsum basiert. Da man glücklichen Menschen nichts verkaufen kann, versuchen Marketing-Strategen, Bedürfnisse zu wecken und einen Mangel zu unterstellen. In Wahrheit geht es im Leben um eine Balance von Materiellem und Immateriellem.

Da wir Menschen soziale Wesen sind, definieren wir uns über die Gruppe, der wir angehören. Deshalb ist es mühsam, gegen die Welle des Konsums anzuschwimmen und komplett anders sein zu wollen als alle anderen. Wir möchten uns nicht selbst isolieren. Wir alle sind mehr oder weniger angezogen von Dingen und Dienstleistungen.

Bis zu einem gewissen Punkt macht ein höheres Einkommen tatsächlich glücklicher. Untersuchungen zeigen, dass die Bereitschaft, sich als glücklich zu bezeichnen, nicht im gleichen Ausmaß wie der Lebensstandard wächst bzw. sogar mit steigendem Lebensstandard abnehmen kann. Ist die Einkommensschwelle überschritten, die ein abgesichertes Leben ermöglicht, steigt die Zufriedenheit nicht weiter an. Untersuchungen an Lottomillionären belegen, dass das Glücksgefühl maximal ein halbes Jahr anhält.

*Was wir tun und denken, macht uns zu dem Menschen,
der wir sind. Neurologen haben herausgefunden,
dass sich unser Gehirn ständig durch das, was wir tun,
verändert. Das Gehirn reagiert auf neue Erfahrungen.
Wann immer wir etwas lernen, verändern sich die
neuronalen Schaltkreise in unserem Gehirn.
Als Reaktion auf unsere Erlebnisse und Tätigkeiten
bilden sich ständig neue Verknüpfungen.*

Ein Zahnarzt, der mit seiner Familie segelt, lebt in einer anderen Realität als eine Kassiererin, die am Wochenende als Bauchtänzerin auftritt. Aber beide tun etwas für andere: Er heilt und segelt, sie kassiert und tanzt. Die Erfahrung, etwas zu schenken, Freude zu bereiten oder für Gesundheit zu sorgen, erfüllt uns mit Sinn. Unser Interesse an der Wirklichkeit anderer Menschen befriedigt unser soziales Bewusstsein und bestätigt unseren Platz in der Gesellschaft – unabhängig vom finanziellen Lohn. Die Frage nach der Ungerechtigkeit der Löhne für unsere Arbeit scheint allerdings kaum lösbar zu sein. Dennoch lässt sich die Lebensqualität nicht allein an der Elle der Gehaltstabelle messen, da wir – im besten Fall – nicht lediglich um des Geldes willen arbeiten, sondern aus Berufung und Erfüllung.

Glück hängt wesentlich davon ab, wie gut wir in der Lage sind, uns an sich ändernde Lebensbedingungen anzupassen und mit Problemen umzugehen. Ob wir uns glücklich oder unzufrieden fühlen, hängt davon ab, wie wir auf das Leben reagieren und welche Bedeutung wir dem beimessen, was wir erleben.

Sehen wir ein Problem als jämmerliches Scheitern oder als interessante Herausforderung?

Ein unbeschwertes und sorgloses Leben macht nicht per se glücklich. Das Leben besteht nicht nur aus Höhepunkten. Zum Leben gehören auch Traurigkeit, Schicksalsschläge, Strapazen, Entbehrungen, Verluste und Frustrationen. Wir können Probleme nicht verhindern. Verhängnisvoll ist es, die Probleme nach innen oder außen zu projizieren, ohne sie zu verarbeiten. Folgen sind psychische Krankheiten und aggressives Verhalten. Die Fähigkeit, von der Unmittelbarkeit des Erlebten einen Schritt zurückzutreten und es aus einer distanzierten, breiteren Perspektive zu betrachten, fördert ein kluges Handeln, um ein Problem zu überwinden. Wer Krisen kennt, ist umso dankbarer für schöne Momente und kann die glücklichen Phasen mehr genießen und schätzen.

Zum Glück gehört das Unglück. Erst durch die Gegensätze schätzen wir das Erfreuliche. Schmerzen und Unglück vermeiden zu wollen bringt uns um wichtige Kontrasterfahrungen, die Freude erst intensiv machen.

Ohne Enttäuschungen und Mühen verlieren wir die Orientierung. Krisen haben meistens ihr Gutes, denn es kann etwas Neues entstehen, unser Leben kann in eine andere Richtung gehen. Es kommt also weniger auf die äußeren Umstände an, sondern eher auf die Art, wie man damit umgeht.

In seinem Streben nach Glück drückt sich die ganze Komplexität des Menschen aus. Von Konfuzius, dem chinesischen Philosophen, der im 5. Jahrhundert v. Chr. in Shandong lebte, ist der Satz überliefert: »Wer ständig glücklich sein möchte, muss sich oft verändern.«

Der Wandel sind wir

Wenn mir ein Problem über den Weg läuft, laufe ich in die nächste Bibliothek und suche ein passendes Buch. Zu jedem möglichen oder unmöglichen Thema. Und dann gibt es nur noch einen Platz in meinem Leben, wohin ich wirklich will: auf's Sofa und lesen. Dazu gehört immer eine Tasse Earl-Grey-Tee. Abends ein Glas Weißwein oder zwei.
Aber so richtig ging es mit dem Thema »Kunst und Lebenskunst« erst los, als ich durch Zufall auf das Simplify-Prinzip stieß. Da hatte ich das große Gefühl: Das bin doch ich, das mache ich doch fast alles schon seit Jahrzehnten!? Dafür zu sorgen, dass die Wohnung leer und schön bleibt, gar nicht erst viel kaufen, entschleunigen und vor allem die Konzentration auf das Wesentliche. Schon immer möchte ich mein Leben überschaubar und flexibel halten, einfach und gut leben. Ich war erstaunt, dass dieses Denken tatsächlich ein stringentes Prinzip ist, das sogar professionalisiert wird und Millionen begeistert.

Ich fing an, unzählige Bücher zu lesen, befragte meine persönlichen Erfahrungen und merkte: Überall finde ich mein Thema: Haben oder Sein, Weniger ist mehr, das einfache Leben, Minimalismus, Lessness, Downshifting und die Strömungen der LOHAS (Lifestyles of Health and Sustainability), LOVOS (Lifestyles of Voluntary Simplicity).

Die beiden Soziologen und Politikwissenschaftler Harald Welzer und Hartmut Rosa haben mich mit ihren zahlreichen klugen Publikationen zur Veränderung von Zeitstrukturen und Wachstum, Effizienz und Konsum stark beeinflusst. Mein Verständnis von Glück hat sich konkretisiert. Die Ideen der Autoren der Publikation *Zeitwohlstand* (München 2013) waren eine Schatztruhe für mein Interesse an der aktuellen Frage, wie wir die Zukunft gerechter gestalten können, nachhaltig wirtschaften und unser Wohlbefinden berücksichtigen.

Es gibt eine höchst aktive ökologische und ökonomische Avantgarde, die intelligente Vorschläge auf der gesellschaftlichen Ebene vorbereitet. Ich begriff, dass wir einen Kurswechsel in der Wirtschaft brauchen und dass neue politische Rahmenbedingungen notwendig sind.

Roger Schärer hat mir mit seiner Darlegung der Suffizienzstrategie in seiner Bachelor-These (Zürich 2012) Struktur gegeben, dieses Thema logisch einzugrenzen. Faszinierend sind auch die Forschungsergebnisse des Wuppertal Instituts. Es verbindet in seinen Untersuchungen Klima-, Umwelt- und Ressourcenaspekte ebenso, wie es ökologische Fragestellungen mit solchen des ökonomischen und gesellschaftlichen Wandels erforscht.

Aber am liebsten lese ich die Bücher von Tom Hodgkinson, von Beruf Müßiggänger. Ich setze mich in den Garten und lese, wie er lebt, was er denkt. Britischer Humor plus britisches Landleben gleich größtes Vergnügen zum Nachmachen.

Als Kunsthistorikerin sehe ich überall die Bedeutung der Kunst für unser Leben: Mondrian sah in seiner Malerei die Abstraktion, die aber in ihrem Innersten eine radikale Reduktion ist. Als solche kann sie heute verstanden werden. Oder Charlie Chaplin, der vor fast 80 Jahren die Mechanismen der Arbeitswelt beschrieb, wie sie noch heute gültig sind. Der Film hat nichts von seiner Aktualität eingebüßt. – Ohne all diese Denker und Künstler, lange vor meiner Zeit oder an meiner Seite, wäre dieses Buch nicht möglich gewesen.

Kunst bietet uns Ressourcen, unserem kleinen Kosmos des Alltags neue Ebenen zugänglich zu machen. Die Kunst ist keine tote Materie, die bunt an der Wand hängt. Sie betrifft uns, sie möchte uns etwas sagen.

Jeder ist Künstler seines Lebens und zugleich Impulsgeber für neue gesellschaftliche Strömungen. Das möchte ich an Sie weitergeben – machen Sie weiter. Oder mit den Worten von Piet Mondrian: Victory Boogie Woogie! Der Wandel sind wir.